Début d'une série de documents
en couleur

ESSAI HISTORIQUE

SUR

LE CIDRE ET LE POIRÉ

PAR

Louis DUVAL

Archiviste du département de l'Orne
Correspondant du Ministère de l'Instruction publique
et des Beaux-Arts

PRIX : **2** FRANCS

PARIS

OCTAVE DOIN, ÉDITEUR

8, PLACE DE L'ODÉON, 8

1896

LE CIDRE ET LE POIRÉ

Revue des Intérêts pomologiques

Rédaction et administration : à ARGENTAN *(Orne)*

Directeur : F. MULLER

Cette Revue, qui vient d'entrer dans sa 8ᵉ année, rend les plus grands services aux agriculteurs, propriétaires, cultivateurs de la Normandie, de la Bretagne, du Maine, de la Picardie, etc., etc., à tous ceux, enfin, qui cultivent le pommier et le poirier à cidre, fabriquent et vendent du cidre.

Le *Cidre et le Poiré* a 80 collaborateurs répartis dans 52 départements, parmi lesquels : deux Membres de l'Institut, des Savants, trente Professeurs d'Agriculture et d'Horticulture et nombre de Praticiens du plus grand mérite.

Le succès de cette excellente revue est dû également à sa PARTIE COMMERCIALE très développée.

Les propriétaires, les cultivateurs, les vendeurs et acheteurs de fruits, de cidre, etc., etc., y trouvent des renseignements sur les ventes et achats de fruits, cidres, poirés et eaux de-vie. Et nombre de marchés sont faits par son intermédiaire, sans aucun frais.

On a donc tout intérêt à s'y abonner.

Cette revue donne des GRAVURES COLORIÉES hors texte
Des Dessins de Fruits à cidre
Des Photographies d'arbres.

ABONNEMENTS : **6 francs** par an

On s'abonne à la librairie Octave DOIN, éditeur, 8, place de l'Odéon, PARIS

Fin d'une série de documents
en couleur

ESSAI HISTORIQUE

SUR

LE CIDRE ET LE POIRÉ

ESSAI HISTORIQUE

SUR

LE CIDRE ET LE POIRÉ

PAR

Louis DUVAL

Archiviste du département de l'Orne
Correspondant du Ministère de l'Instruction publique
et des Beaux-Arts

PARIS
OCTAVE DOIN, ÉDITEUR
8, PLACE DE L'ODÉON, 8

1896

ESSAI HISTORIQUE

SUR

LE CIDRE ET LE POIRÉ

Les Normands ont été jadis les premiers marins de l'Europe ; ils ont occupé les trônes de la Grande-Bretagne et des Deux-Siciles ; plus tard ils se sont établis comme colons dans diverses parties du nouveau continent. Aujourd'hui, leur boisson nationale, le cidre, est en train d'opérer par les moyens les plus pacifiques, grâce à la facilité des moyens de communication et de transport, la conquête du monde, au plus grand profit de l'hygiène, de l'agriculture et du commerce.

Le cidre est ainsi devenu un sujet d'étude tout d'actualité au point de vue économique, au point de vue de la production et de la consommation et au point de vue historique.

M. Siméon Luce avait promis d'écrire une *Histoire du Cidre*. Les fragments détachés de cette étude qui ont paru dans le premier numéro de la revue le *Cidre et le Poiré* et les notes qui accompagnent l'*Histoire de Bertrand Du Guesclin*, font vivement regretter que notre éminent confrère n'ait pu mener à fin ce travail dont ses études sur la vie privée au moyen âge lui avaient admirablement préparé l'exécution.

Le chapitre consacré au cidre par M. Léopold Delisle, dans ses *Etudes sur la Condition de la Classe agricole et l'État de l'Agriculture en Normandie au moyen âge* (1851) et le traité du *Cidre*, de MM. de Boutteville et Hauchecorne, dans lequel l'histoire du cidre dans l'antiquité a été traitée avec une sûreté de méthode et une rigueur vraiment scientifiques, constituent actuellement les bases de tout travail sérieux relatif à cette question. Mais

1

d'autres travaux, extrêmement nombreux et variés, ont été publiés sur le cidre, et il nous a semblé que le moment était venu d'en donner la Bibliographie en la faisant précéder d'une Introduction historique dans lequel nous avons résumé les travaux de nos savants devanciers. Ce double travail présentait des difficultés considérables dont nous espérons que l'on voudra bien tenir compte si l'on y rencontre des lacunes ou des imperfections.

Nous nous recommandons d'avance à l'indulgence du lecteur éclairé ; et si, comme nous l'espérons, cette publication, quelque incomplète qu'elle soit, offre quelque intérêt, quelque utilité, nous nous proposons de suppléer, dans une prochaine édition, aux omissions et aux erreurs qui auront pu nous échapper.

L. D.

I

Origine du Pommier et du Poirier

Le pommier et le poirier que certains botanistes rattachent au même genre, semblent, à première vue, d'origine européenne (1). On les rencontre, en effet, à l'état sauvage dans nos bois, et ce fait a été remarqué même par les anciens (2).

Il est donc extraordinaire que dans le pays même des pommiers, en Normandie, les traditions populaires aient assigné à la pomme une origine orientale. En Angleterre, où les pommiers croissent spontanément dans les forêts, aussi bien que chez nous, on croit également que cet arbre est venu du continent.

Le président de La Barre, dans son *Formulaire des esluz*, publié à Rouen en 1616, n'hésite pas à affirmer que le pommier nous vient directement — est-ce par souche, par greffe ou par pépin ? il ne nous le dit pas, — du Jardin de délices ou Paradis terrestre.

La pomme, dit-il, est un fruit congneu et remarqué par tout le monde, tant par sa beauté que pour son goût, sa grosseur et qualité... L'homme fut rendu et déclaré criminel de lèze-majesté divine pour avoir mordu au fruit prohibé et défendu, qu'aulcuns estiment avoir esté une pomme.

Voilà certes une origine terriblement suspecte et qui paraît faite pour donner à réfléchir à ceux qui, à l'exemple de nos premiers aïeuls, mordent gloutonnement à même la pomme, sans penser à mal. Heureusement le bon président se hâte de nous rassurer entièrement sur l'innocuité actuelle de ce beau fruit,

---

(1) Le Pommier, *Malus*, Linnée, *Pyrus Malus*, Tournefort, *Eléments de botanique*, édition augmentée par V. Jolyclerc, Lyon, Bertruzet, 1797, t. III, p. 408. — Chenu et Dupuis, *Encyclopédie d'histoire naturelle*, *Botanique*, tribu des Pomacées, comprenant sous le nom de pyrus tout un groupe composé du *Pyrus* (Poirier), du *Malus* (Pommier), de *Sorbus* (Cormier).

(2) Pline au livre xxiii de son *Histoire*, où il traite spécialement de la Culture des Poiriers, parle du pommier sauvage, art. 53.

dérobé à l'arbre mystérieux auquel le créateur avait défendu de toucher :

La prohibition, dit-il, n'estoyt que pour l'esgard de nos premiers parents. De faict, si la deffense eust esté perpétuelle, l'usage des pommes eust cessé et eust esté ce fruit en chômage, ni plus ni moins que ceux qui croissent à l'entour du lac Asphaltique.

A la bonne heure ! Grâce au *Formulaire des esluz*, nous voilà hors de peine, et nous saurons désormais que nos pommes normandes, bien qu'issues du fruit défendu, n'ont rien de commun avec celles de Sodome, qui sous des dehors séduisants ne sont que cendre et amertume et ont été maudites, en conséquence des crimes des Sodomistes.

Les commentateurs de la Genèse ont donné d'ailleurs, pour la plupart, leur assentiment à cette opinion. Ils citent même pour l'appuyer ce passage du *Cantique des Cantiques* : « Je vous ai éveillée sous un pommier ; c'est là que votre mère a perdu son innocence. » Ils ajoutent que, dans ce passage, Salomon fait allusion à la chute de la première femme.

A cela, il est vrai, d'autres commentateurs répondent que dans le texte Hébreu, le mot que nous avons traduit par pomme peut s'appliquer à plusieurs espèces de fruits et aux oranges ou aux citrons plutôt qu'aux pommes. On sait qu'en latin, il en était de même des mots *malum* et *pomum*. Il est de plus à remarquer qu'en français, on a donné également le nom de pomme, par exemple, au fruit de l'oranger, qu'on appelait autrefois. « pomme d'orange », aux fruits d'or du jardin des Hespérides, et à ceux non moins merveilleux du jardin d'Alcinoüs, à l'instar des Romains qui désignaient l'orange sous le nom de *Malum aureum*, la grenade sous le nom de *Malum punicum*, « la pomme de Phénicie », la pêche sous le nom de *Malum persicum*, « la pomme de Perse » le coing, sous le nom de *Malum cydoniæ* « la pomme de Cydonia » (aujourd'hui la Canée, dans l'île de Candie),

La pomme étant le fruit le plus remarquable de la tribu des pomacées et des autres familles qu'on en avait rapprochées, a fini par hériter seule de ce nom générique, commun à toute la famille.

Ce changement de sens est une preuve de la supériorité qu'on a reconnue de bonne heure en Italie et en Gaule au fruit du pommier. Il est même à noter que, dans sa traduction de Plutarque, Amyot rend ordinairement par pomme, des passages où vraisemblablement, il est question d'oranges.

A tort ou a raison, le nom de pomme a donc prévalu pour désigner le fruit défendu et est même devenu proverbial. (1) C'est ainsi qu'un rimeur subalterne s'est avisé de décocher ce mauvais quatrain, à nos compatriotes, les Normands :

> Je veux avec empressement
> Savoir de quel pays était le premier homme.
> — Puisqu'il aimait si fort la pomme
> Il était sans doute Normand.

En Poitou l'on dit :

> Adam fut un pauvre homme,
> De nous faire damner,
> Pour un morceau de pomme
> Qu'il ne put avaler.

« On croit dans nos campagnes, dit Léo Desaivre, qu'Adam n'accepta qu'avec répugnance la pomme que lui offrit sa femme et qu'elle resta au milieu du gosier, faisant éternellement saillie sous la gorge, chez lui et chez tous ses descendants mâles, en punition du premier péché » (2). La même tradition existe en Normandie et se retrouve dans l'Oukraine (3).

Chez les Musulmans, l'arbre de vie, sorti des pépins de la pomme d'Eve, produit des fruits qui procurent une éternelle jeunesse. Le mythe du pommier a fait le tour du monde, conservant partout la même signification symbolique, et la pomme d'or que les Grecs mettaient dans la main de *Vénus victrix* (4) était déjà passée dans l'Inde et la Perse avant de se naturaliser sur les rivages de l'Attique.

On sait en effet que la pomme fut considérée par les Grecs comme le prix de la beauté. C'est à ce titre qu'une pomme d'or, jetée par la Discorde dans la salle du festin, aux noces de Thétis et de Pélée, devint un sujet de dispute entre les trois déesses.

Bernardin de Saint-Pierre, qui aimait, comme on sait, à faire intervenir les fictions poétiques dans l'interprétation des faits de l'histoire naturelle, n'a pas manqué de greffer sur ce mythe un développement nouveau. Bernardin de Saint-Pierre était Normand, et il s'en est souvenu en supposant qu'un jour que Vénus

---

(1) *Mala Mali Malo Mala Contulit omnia mundo.*
(2) Mythologie locale. *Essai sur le Noyer et le Pommier*, Extrait des Mémoires de la Société de statistique, sciences et arts des Deux-Sèvres, 1873.
(3) Eugène Hins, les *Légendes chrétiennes de l'Oukraine*, dans la *Revue des traditions populaires*, 1887, p. 407.
(4) *Nouvelle galerie mythologique*, par F.-D. Guigniaut, nᵒˢ 749, 750, 550.

se promenait sur nos côtes, cherchant des perles pour sa parure et des coquillages pour son fils — comme une simple baigneuse de Trouville — un Triton, aposté par la vieille Thétis, lui déroba la précieuse pomme qu'elle avait posée sur un rocher. Thétis en possession de ce trophée, ouvrit la pomme, et pour que Vénus ne fût plus seule en possession du prix de la beauté, en sema les pépins dans les campagnes voisines. Voilà, conclut galamment l'auteur des *Harmonies de la Nature*, la cause du grand nombre de pommiers qui croissent en Normandie et de la beauté singulière de nos filles.

La pomme, enfin, dans les traditions germaniques et scandinaves, passait pour avoir des vertus merveilleuses dont il faut bien dire un mot.

L'Elysée des Druides, s'appelait, dit-on, l'Ile des pommiers.

Les pommes jouent un grand rôle dans le *Cycle d'Arthur* et dans le Barzaz-Breiz.

Dans l'Edda scandinave, une asesse ou déesse conserve dans une boîte des pommes qui rendent la jeunesse aux dieux quand ils se sentent vieillir ; réminiscence évidente de l'arbre de vie.

Dans les contes russes et italiens, les pommes rajeunissent les héros ou offrent aux amants des philtres irrésistibles.

La pomme rouge passe en Poitou pour un puissant aphrodisiaque dont la puissance s'étend jusqu'aux animaux eux-mêmes, et l'on raconte que le célèbre chasseur Jacques du Fouilloux ayant voulu, par ce moyen, séduire une bergère, eut à subir les assauts d'une truie qui avait dévoré la pomme offerte à la jeune fille (1).

Dans le Berri, on place un chou, symbole de la fécondité, sur le toit de la maison que doivent habiter les nouveaux époux. Ce chou, planté dans une corbeille, est entouré de trois pommes piquées au bout de baguettes enrubannées. Le jeune homme qui veut demander une jeune fille en mariage se fait accompagner par un entremetteur que l'on appelle *chat-bure*, *menon* ou *chien blanc*. Pendant que s'apprête le repas auquel ils sont toujours invités, quel que soit le résultat réservé à leur mission, le *menon* remue avec un bâton la cendre du foyer et ne manque pas d'y trouver une pomme lorsque la négociation prend bonne tournure (2).

---

(1) *La Vénerie*, de Jacques du Fouilloux, Niort, 1864, p. 23.
(2) Laisnel de la Salle, *Croyances et Légendes du centre de la France*, t. II, p. 24.

Dans les Vosges, les jeunes filles qui veulent voir en songe ceux que le mariage leur destine mangent, la veille de la saint André, une pomme, en disant : « Saint André fais-moi voir celui que je dois avoir » (1).

La pomme est aussi quelquefois employée dans la magie noire. Une pomme offerte par une sorcière à un enfant suffit quelquefois à le faire dépérir (2).

S'il fallait s'en rapporter à Jean Ruel, les Grecs eux-mêmes auraient regardé la pomme comme un fruit importé d'Asie, et ils en auraient fait honneur à Bacchus (Dionysus), divinité d'origine orientale. C'est, dit-il, ce qu'attestent Athénée, Théocrite et le poète Néoptolème, dans sa *Dionysiade*. Les anciens, pour cette raison, représentaient quelquefois Bacchus tenant des pommes dans les plis de sa tunique. (3)

On nous pardonnera de nous être arrêté un instant, au début de cette étude, sur le terrain de la mythologie. Nous tenions à établir l'existence de la tradition qui assigne aux pommiers et aux poiriers cultivés dans notre pays, une origine étrangère.

L'opinion que nous indiquons trouve un appui inattendu dans l'autorité de Ch. Koch, naturaliste et voyageur célèbre, professeur de botanique à l'Université de Berlin, mort en 1879. M. Koch, dans une des séances de l'Association britannique pour le progrès des sciences, tenue en 1868, a rappelé qu'il s'est occupé spécialement de rechercher l'origine de nos arbres fruitiers ; que dans ce but, il a parcouru pendant plusieurs années le Caucase, la Perse et l'Asie-Mineure, qu'il y a récolté une immense quantité de matériaux, et qu'il en est arrivé à penser que ces arbres avaient été tirés de ces pays.

Je ne suis pas encore en mesure, dit-il, d'indiquer avec certitude la souche première des arbres fruitiers, mais je puis au moins exprimer ma conviction que nos poiriers descendent, probablement, de deux et peut-être de trois espèces. L'une d'elles est sauvage en Arménie et en Perse ; elle se distingue à ses feuilles allongées et duveteuses ; l'autre est de la Perse orientale, peut-être aussi de l'Asie centrale ou des provinces occidentales de l'Empire Chinois ; elle a pour caractère des feuilles rondes et glabres. Nos prétendues espèces européennes, telles que le *Pyrus salvifolia nivalis*, etc., ne sont que de simples variétés issues des précédentes et qui se sont naturalisées sous nos climats.

(1) Thiriot, *Mélusine*, p. 478.
(2) Le Folk-lore en Flandre, par A. Gittée, dans la *Revue des traditions pop.*, 1887, p. 139.
(3) Jean Ruel. *De Natura stirpium*. 1535, in-folio, p. 351.

Nos pommiers ne sont pas plus indigènes en Europe que les poiriers ; ils viennent comme eux de l'Asie, mais de régions plus septentrionales, telles que la Mongolie, la Tartarie, la province de Tché-Kiang, en Chine, peut-être aussi de l'extrémité orientale du Caucase.

Les types sauvages sont au nombre de trois, dont deux sont de véritables arbres, l'autre n'est qu'un simple buisson. (1).

Depuis, Ch. Koch a affimé de nouveau la même opinion, dans sa *Dendrologie*, en déclarant qu'il regardait le *Malus syluestris* comme étant probablement originaire de la Sibérie méridionale ou de la Chine septentrionale. (2)

Il est certain, en tout cas, que ces arbres fruitiers ont été connus des Ibères, probablement dès l'âge de la pierre polie. Les noms du pommier, *sagartzea*, et du coignassier, *irasagartzea*, dans l'idiome basque, ne révèlent ni une étymologie latine, ni une étymologie aryenne, mais une origine ibérique. Il en est de même des noms du poirier, *Madaria*, *Madaria* ou *Udaria*, de *Ude*, « été » littéralement «" le fruit d'été ». (3)

Rutimeyer, dans la *Faune contemporaine aux habitations lacustres* (1861, p. 226), affirme que les peuples de la période néolitique possédaient un pommier sauvage plus grand que celui qui croit actuellement dans le Jura.

Hus, dans ses *Etudes sur la floraison lacustre* (1866), a cru reconnaître que, dès cette époque, la culture du pommier avait fait de grands progrès, et Darwin en a tiré un argument en faveur de la sélection par l'homme. (4)

Il convient d'ajouter que chez les Celtes, la pomme paraît avoir été désignée par un nom particulier : *Aval, Abat, Apal* et *Apel*, que l'on peut regarder comme contemporain, tout au moins de l'âge de bronze, et qu'on retrouve dans l'anglais moderne, *Apple* (5).

Serait-il donc impossible de concilier ici la tradition avec l'opinion des botanistes et des savants français qui, contrairement à l'affirmation hardie de M. Ch. Koch, soutiennent que notre

---

(1) *Revue horticole*, 1ᵉʳ novembre 1868, p. 408-409.
Le Cidre, par L. de Boutteville et A. Hauchecorne, 1875, p. 3.
(2) André Locoq, *Dictionnaire pomologique*, T. III, p. 5, n.
(3) Comte H. de Charencey, *Recherches sur les Noms d'animaux domestiques, de plantes cultivées et de métaux chez les Basques, et les Origines de la civilisation européenne*. Publié dans les *Actes de la Société philologique*, tome I, nᵒ mars 1863.
(4) Darwin. *De la variation des animaux et des plantes à l'état domestique*, 1880. T. I, p. 347, T. II, p. 311.
(5) Derle, *Histoire ecclésiastique de Bretagne*, T. II, 3ᵉ et 4ᵉ siècle, p. 233, n.

pommier sauvage, le *crab*, comme l'appellent les Anglais, le *doucin* ou *fichet*, suivant nos jardiniers, est là souche de tous nos plants de pommiers? M. Siméon Luce, dans un article remarquable, paru dans le premier numéro de la Revue *le Cidre et le Poiré*, qu'il a brillamment inaugurée, s'est inscrit en faux contre Ch Kokh avec une vivacité toute normande, et il est nécessaire de reproduire son éloquente protestation :

Quel est donc le pédant qui a voulu voir dans notre pommier un arbre exotique et, pour me servir de l'un des mots les mieux faits de notre patois, un « horsain », un homme du dehors ? Ce pédant en a menti. Les innombrables localités normandes du nom de *Pommeraie*, presque toutes très anciennes, attestent que l'arbre béni qui fait l'orgueil de notre province, est un enfant du sol. De même que les meilleurs d'entre nous ne quittent pas volontiers notre pays natal, ou du moins aiment à y revenir ; de même le pommier, cet arbre généreux, se plaît dans le voisinage des forêts d'où il est originaire. C'est là qu'il rapporte le plus de fruits et que ces fruits ont le plus de saveur.

M. Siméon Luce nous fournit, à la page suivante, un trait de lumière. Il rapporte que la transformation de la boisson, très imparfaite encore, que l'on tirait des fruits acerbes de nos pommiers normands au moyen age, a été obtenue au commencement du XVIᵉ siècle, grâce à des greffes d'espèces supérieures venues de Biscaye. Mais ne peut-on pas admettre que, dès l'antiquité, des essais de même genre ont pu être tentés pour améliorer certaines espèces comestibles ou non ?

Il n'est pas prouvé, il est vrai, peut-on dire, que la greffe fût connue dès le temps d'Homère. Cette pratique n'en remonte pas moins à la plus haute antiquité, au témoignage de Pline (1) et de Macrobe, qui en attribue l'introduction dans le Latium au vieux Saturne (2). Il est incontestable que c'est par ce moyen que l'on est parvenu à faire produire des fleurs aux couleurs vives et variées, des fruits doux et agréables aux plantes de jardinage et aux arbres déjà améliorés par la culture. Et ne doit-on pas supposer que ces premières greffes ont été fournies par des arbres de contrées plus favorisées sous ce rapport que les nôtres ?

Pour ne rien omettre du peu que nous savons sur l'origine du cidre, je dois dire encore que, s'il fallait en croire Amyot, les pommes d'Api, connues dès l'antiquité, tireraient leur origine et

---

(1) Pline, I, 17, sect. 24.
(2) Huic Deo insertiones surculorum pomorumque educationes et omnium hujusce modi fertilium tribuunt disciplinas. (*Saturnal.* II, C. 7, 217.)

2

leur nom du Péloponèse. Amyot, en effet, traduit ainsi un passage des *Demandes des choses grecques*, de Plutarque :

Pourquoi est-ce que les enfants des Argiens, en une certaine feste, s'entr'appellent par jeu Ballachradas, qui vaut autant à dire comme jecteurs de pommes sauvages ? Est-ce point pour autant que les premiers qui furent par Inachus amenez des montagnes en la plaine se nourrissoient de ces pommes sauvages ? Et dit-on que ces pommes sauvages se trouvèrent premièrement dans le Péloponèse qu'en autre partie de la Grèce, et que lors le Péloponèse s'appeloit Apia : voilà d'où vient que depuis on a surnommé ces pommes sauvages, qui communément se nomment Achrades, *Apies.*

Malheureusement, le bon évêque d'Auxerre, dans ce passage comme dans beaucoup d'autres, a pris des libertés excessives avec le texte, et il fait dire ici à Plutarque plus qu'il n'en a dit. *Apios*, *Apion*, signifient poire ou poirier, de même que *Achras*, *Achrados*, désignent la poire et le poirier sauvage, et l'on voit que dans ce passage il ne peut être question de la pomme d'Api.

Cette citation de Plutarque nous semble, en tous cas, intéressante pour l'histoire du poirier. Elle prouve que cet arbre, connu sous deux noms différents, était commun en Grèce dès l'antiquité. Quant à savoir si *Apios* dérive d'*Apis*, nom d'un ancien roi du Péloponèse, ou même d'*Apis*, divinité égyptienne, c'est là une question que nous abandonnons aux recherches des érudits plus versés que nous dans la connaissance de l'histoire et de la langue grecques.

Mais pour revenir au nom de la pomme d'Api, nous devons ajouter que ce nom trouve précisément son origine dans l'agriculture latine. Pline, au livre XV de son *Histoire*, ch. 14 où il parle longuement des nombreuses variétés de pommes et de poires qui ont conservé le nom des amateurs d'horticulture auxquels on les doit, mentionne effet la pomme d'Api, *Appiana poma*, et nous apprend que ce fruit tirait son nom d'Appius Claudius qui l'avait introduite à Rome au moyen de la greffe.

II

Le Cidre ou Pommé, le Poiré et le Cormé dans l'antiquité

L'usage du cidre remonte évidemment à une très haute antiquité, et là encore, nous trouvons la fable et la fantaisie. Le pré-

sident de la Barre, préoccupé de l'origine de cette boisson nationale des Normands, n'a rien trouvé de mieux que de leur en
attribuer toute la gloire :

> Quant à l'origine de ce précieux breuvage, on dit qu'un Normand
> ayant battu une pomme contre son coude, et voyant qu'elle s'amolissoit
> et donnoit du jus, se prit à la sucer, et que de là il commença à former
> son idée pour faire et extraire le cidre. Encore, les autres nations
> abondantes en vin, par plaisir, représentent la contenance du Normand
> battant au coude une pomme, qui ne se doit pas prendre à reproche
> mais à galantise.

Cette prétendue origine de la fabrication du cidre, quoique
extraite d'un auteur ancien, a tout l'air d'une plaisanterie. En
voici une autre qui se recommande par le nom de son auteur,
Saint-Simon, le père du Saint-Simonisme, « le prophète », comme
l'appelle Béranger. Elle est extraite d'une lettre adressée à Louis
Dubois qui, en 1812, poursuivant les travaux qu'il avait déjà fait
paraître sur le cidre, l'avait prié de lui donner quelques lignes
pour placer en tête d'une nouvelle publication. La réponse du
futur Messie du Nouveau Christianisme nous a paru assez curieuse
pour mériter les honneurs d'une reproduction. Elle révèle chez
Saint-Simon une liberté d'esprit et un goût pour le paradoxe,
pour la plaisanterie que ne font nullement supposer ses écrits pos-
térieurs et sur lesquels ses disciples ont discrètement tiré le rideau.
Ce côté inconnu de l'esprit de Saint-Simon ne peut être indifférent
pour ceux qui s'intéressent à l'étude du développement et des
évolutions successives des doctrines socialistes.

Voici à quelle occasion Saint-Simon était entré en relations
avec Louis Dubois. Il s'était rendu à Alençon en 1812, pour y
débattre des affaires d'intérêt avec le comte de Redern, avec
lequel il avait acheté de société le château et le domaine de Flers
mis en vente comme bien national. Redern s'était arrangé de
façon à retirer tout le bénéfice de cette spéculation, et il refusait
à le partager avec son associé, profitant sans doute de ce que
celui-ci, par suite du désordre de ses affaires, ne s'était pas trouvé
en mesure de payer les annuités exigibles en conséquence de la
vente, et s'était trouvé déchu des avantages stipulés en sa faveur.
Il passa plusieurs mois à Alençon. Ceci dit, nous nous hâtons de
laisser la parole au prophète Saint-Simon :

> Le pommier est un arbre qui a été maudit dans son essence. Tout
> le poison que distillait ce perfide végétal n'était pas contenu dans la
> pomme qui a perdu notre premier père : d'après mes recherches, je

suis certain que c'est le jus de ce fruit qui a causé la confusion des langues dans l'atelier travaillant à la tour de Babel. Voici le fait tel qu'il est raconté dans un manuscrit syriaque de la bibliothèque de Corbie :

Un Mésopotame, nommé Chicaneau (c'est la traduction du nom syriaque, comme Hassenfratz est la traduction allemande du nom de M. Lièvre).....

Un Mésopotame, dis-je, qui était grand spéculateur, voyant que la fleur de la vigne avait coulé et que la vendange serait nécessairement mauvaise, acheta toute la récolte de pommes de la Mésopotamie. Il la fit placer dans une gorge formée par deux montagnes très élevées ; il fit barrer cette gorge par un mur qui fut construit avec une promptitude extraordinaire. Deux bandes nombreuses de maçons y travaillaient jour et nuit alternativement, de manière que, l'une se reposant pendant que l'autre était en action, le travail n'était jamais interrompu. Faisant ensuite rouler sur son tas de pommes d'énormes quartiers de rochers du sommet des deux montagnes latérales, il les écrasa et en exprima le jus. Par un trou pratiqué au pied de son mur, il reçut ce jus infernal et le mit en barriques qu'il vendit aux vivandières chez lesquelles se nourrissaient les ouvriers employés à la construction de la fameuse tour de Babel. Ils n'eurent pas plus tôt bu de cette liqueur perfide que l'esprit d'insurrection les gagna et que le désordre porté à son comble, força les architectes d'abandonner cette construction qui serait devenue le plus bel observatoire du monde.

Ce sont deux qualités inhérentes à la pomme d'être saine au corps et mortelle à l'âme. Les Normands, gens de riche taille, de grand courage, de bon cœur et de solide jugement, seraient parfaits s'ils ne mangeaient pas de pommes, s'ils ne buvaient pas de cidre. L'usage de cette boisson les rends enclins à la chicane ; elles les porte à demander trop souvent à la justice de prendre ses balances.....

Je vais partir pour prêcher une nouvelle croisade, une croisade contre les pommiers. Je démontrerai, dans mes prédications, la nécessité urgente de se réunir pour faire de cet arbre un auto-da-fé général. Je dirai, au nom de Dieu, que la dernière étincelle de ce feu allumera l'aurore du jour pur et serein qui éclairera l'âge d'or. Après ce grand acte de foi, le péché originel se trouvera complètement effacé ; nous serons réhabilités dans la position de notre premier père, et la terre deviendra un véritable paradis.....

Saint-Simon

L'histoire du cidre dans l'antiquité, que nous allons esquisser est moins amusante assurément que les contes débités par le président de La Barre et par Saint-Simon. L'aridité des détails dans lesquels nous allons être obligé d'entrer justifiera sans doute cette courte excursion sur le domaine de la fantaisie et du folk-lore.

Lorsque l'on essaie de plonger les regards dans l'antiquité, à défaut d'autres documents écrits, l'étude des mots qui servent à désigner les objets peut fournir de précieux indices. Or il est arrivé que la double équivoque que nous avons constatée au sujet ou des mots *malum* et *pomum*, s'est produite pour le cidre, a eu pour conséquence d'offrir une nouvelle base à l'opinion très douteuse qui présente nos pommiers comme un présent de l'Orient. Nous sommes forcé d'entrer, à ce sujet, dans des explications un peu minitieuses, mais qui pourtant ont leur intérêt.

Trois espèces d'arbres produisent des fruits dont le jus, susceptible de fermentation et de clarification, compose une boisson analogue au vin, le pommier, le poirier et le cormier. Parmi ces trois espèces, le pommier tient évidemment le premier rang. Or, le même phénomène philologique que nous avons constaté en parlant de la pomme s'est produit pour la liqueur même extraite de ce fruit.

Tandis qu'on a conservé aux boissons tirées du poirier et du cormier les noms de *poiré* et de *cormé*, on a réservé au jus de la pomme le nom générique qui servait, dans l'antiquité, à désigner les boissons autres que le vin produites par la fermentation du suc de différents fruits, et l'ancien nom de *pommé*, a été rejeté dans le langage populaire ou patois de nos provinces de l'Ouest, tandis que les Basques et les Gascons, conservaient de leur côté la forme *pomada*, *pomata*, consacrée notamment par la coutume de Bayonne. Ce terme générique est le mot *cidre*, *citre*, en espagnol *sidra*, en catalan *sizra*, dérivé du latin *sicera*.

Mais le *sicera* des Romains paraît lui-même être issu de l'hébreu *shêcar* qui signifie boisson énivrante, dans un sens très large. Ce mot *shêcar* a été figuré sous la forme *sicera*, dans la traduction de la Bible en langue latine connue sous le nom de Vulgate. Or ces traductions, répandues dans tout l'Occident et constamment employées pour les prédications, ont exercé une influence très remarquable, comme on sait, sur la formation des langues romanes, issues du latin. C'est ainsi que le mot *sicera*, inconnu des écrivains classiques, mais employé par saint Jérôme et par les auteurs ecclésiastiques de son temps, est entré dans notre langue vulgaire et y a pris place.

Il ne s'ensuit nullement que le cidre ait été connu des Hébreux, bien que dans un grand nombre de passages de l'Ancien et du Nouveau Testament il soit fait mention du *shêcar* qui, nous le répétons, désigne simplement une boisson autre que le vin. Saint Jérôme s'est même exprimé sur ce point de la façon la plus formelle dans sa lettre à Népotien.

C'est donc à tort que certains savants ont prétendu que le

shècar n'était autre chose que le cidre, et se sont autorisés d'un passage du traité de saint Jérôme contre Savinien pour établir leur opinion. La question, au reste, a complètement été tirée au clair par M. de Boutteville, qui dans son traité du *Cidre* a prouvé jusqu'à l'évidence que le cardinal du Perron, Huet, évêque d'Avranches et Louis Dubois, dont l'érudition fait honneur à la Normandie, mais qui se sont laissé peut-être égarer par le désir de rehausser l'origine de notre boisson nationale, se sont absolument fourvoyés sur ce point. La cause est entendue et jugée. Il n'y a donc plus à y revenir.

Il faut donc du même coup renoncer à l'opinion, soutenue par Huet et par Louis Dubois, qui attribue aux Hébreux et aux Africains la connaissance de l'art de faire le cidre. Il en est de même d'un passage des *Propos de Table* de Plutarque, cité par Huet comme une preuve que le cidre a été connu des Grecs. Ce passage, il est vrai, a été traduit par Amyot, de façon à donner raison à cette créance. « Ceux, dit-il, qui aiment le vin, quand ils n'en « peuvent avoir de celuy de la vigne, usent de bière, breuvage « contrefait d'orge, ou bien de cydre fait de pommes ou de dattes ». Mais M. de Boutellier fait observer que le texte même de Plutarque indique plutôt une sorte de boisson produite par la macération des coings, et à la traduction très libre d'Amyot, il oppose celle donnée par le *Trésor de la Langue grecque* d'Henri Estienne : *viuum ex malis cotoneis*, c'est-à-dire vin de pommes de coings.

Il n'en ressort pas moins du témoignage concordant des écrivains classiques, qu'avant l'ère chrétienne, les différents peuples de l'Europe avaient réussi à tirer des boissons plus ou moins analogues au cidre de différentes espèces de fruits. Virgile, au Livre III des *Géorgiques*, composées environ l'an 32 avant Jésus-Christ, parle de l'habitude qu'avaient les Scythes et les habitants des régions septentrionales de passer une partie de la nuit autour du feu, en buvant des liqueurs fermentées, extraites des fruits du cormier :

> *Pocula læti*
> *Fermento, atque acidis imitantur vitea sorbis.*

Il est à remarquer que les commentateurs, suivant les errements d'Amyot, de du Perron et de Huet, traduisent librement ce passage par « cidre » extrait de fruits acides pressurés, pommes, poires, cormes et cornes (fruits du cornouiller), tandis que Virgile ne paraît faire ici allusion qu'au *cormé*.

Pline, dans son *Histoire*, (1) écrite environ un siècle plus tard, a consacré un chapitre aux soixante-six espèces de vins artificiels boissons faites avec des fruits autres que le raisin, et qu'il désigne sous le nom de vin de poires et de toutes espèces de pommes. Il parle aussi du vin de cormes et du vin fait avec le fruit du cornouiller. Enfin, au Livre XV de son *Histoire*, chapitre 17, il nous apprend que les médecins interdisaient aux malades le vin de poires ou de pommes.

Tertullien, né à Carthage en l'an 160, et saint Augustin, né à Tagaste, près d'Hippone, en 354, nous apprennent que les Manichéens s'abstenaient du vin, mais buvaient des liqueurs « extraites de différents fruits *(nonnulorum pomorum)*, imitant le vin et même le surpassant en douceur », suivant l'expression de saint Augustin.

Quelques savants ont cru y trouver la preuve qu'en Afrique on fabriquait alors un cidre de pommes d'une qualité supérieure ; c'est de là qu'on est parti pour dire que le cidre nous est venu de l'Afrique. Mais on n'a pas remarqué que dans ce texte, comme dans tous les autres, *pomum* a un sens très général et qu'il s'agit évidemment ici d'une boisson douce, fermentescible, faite au moyen des fruits de l'Afrique, notamment les dattes dont on tirait une liqueur sucrée et même enivrante, suivant le témoignage de Pline et de Diocoride. Les pommes d'Afrique, au contraire, n'ont jamais été regardées comme d'une qualité supérieure, le climat même ne convenant guère à leur culture.

Le Gallo-Romain Palladius qui vivait entre le troisième et le quatrième siècle, nous fait connaître comment les Romains préparaient le vin de poires. Ils en remplissaient un sac à mailles serrées et en exprimaient le jus, soit au moyen d'un poids, soit à l'aide d'un pressoir. Cette boisson rafraîchissante, *castimoniale*, suivant l'expression de Palladius, se conservait en hiver, mais s'aigrissait en été. On l'utilisait ainsi comme vinaigre. Palladius ajoute qu'on faisait aussi du vin de pommes par le même procédé. (2)

Comme on le voit par cet article et par la façon dont s'exprime Pline au sujet du vin de poires, ce dernier fruit était plus estimé des Romains que la pomme (3). Pline, Collumelle et Macrobe,

---

(1) Historia, liv. XIV, chap. XVI.
(2) Palladius, *de Re Rustica*, liv. III.
(3) Artémidorus, *De somniorum interpretatione.*

mentionnent trente-huit variétés de poires et vingt-quatre variétés de pommes.

Artémidorus d'Ephèse, qui vécut sous Adrien,, mentionne brièvement le poiré en disant qu'il n'igorait pas que quelques nations préparaient une boisson avec des poires. (1)

Saint Jérôme qui vivait à la fin du IVᵉ siècle, a parlé nommément du poiré (*piracium*), qu'il mentionne comme une boisson très inférieure au vin et mauvaise à l'estomac.

Saint Jérôme est, à notre connaissance, le premier auteur qui ait introduit ce mot dans la langue latine, de même que c'est à lui que l'on doit le mot *sicera*, dont nous avons fait *cidre*. (2)

III

Le Cidre en Gaule, depuis l'époque romaine jusqu'à la fin du XIIᵉ siècle

La Gaule Narbonnaise entière, dit Strabon produit les mêmes fruits que l'Italie. Cependant à mesure que l'on s'avance vers le le Nord et les Cévennes, l'olivier et le figuier disparaissent quoique tout le reste y croisse (3). Il suit de là que les poires et les pommes étaient au nombre des fruits les plus communs en Gaule au temps de Strabon.

Pline nous fait connaître qu'en son temps on citait une espèce de pommes qu'on nommait la *Pomme Gauloise* (4).

On trouve fréquemment le pommier figuré sur les poteries rouges de l'époque romaine fabriquées à Rouen et recueillies par M. J. Thaurin (5). Parmi les vases découverts à Caen, M. l'abbé Cochet cite également des vases pomiformes ou piriformes (6).

L'autorité de M. Léopold Delisle peut ici être invoquée avec avantage. En tête du chapitre qu'il a consacré au cidre et à la bière dans ses *Études sur la condition de la classe agricole et*

(1) Saint Jérôme, liv. II, contre Jovinius.
(2) Isidore de Séville, *Orig.* liv. 20, Cap. 3.
(3) *Géographie*, t. II de l'éd. de la *Porte du Theil*.
(4) Pline. *Histoire*, livre XV, c. 12.
(5) Boutteville (L. de) et Hauchecorne, *le Cidre*, p. 5.
(6) *Répertoire Cercle de la Seine-Inférieure*, par l'abbé Cochet.

l'état de l'agriculture en Normandie au Moyen-Age, M. Delisle s'exprime ainsi :

> Nous n'irons pas avec quelques-uns de nos devanciers chercher en Afrique, ni même en Biscaye l'origine du cidre. Nous croyons que de tout temps cette boisson fut connue des habitants d'une notable partie de la France.

Les progrès déjà réalisés dans la culture des pommiers et des poiriers et les soins apportés à leur conservation dès l'époque mérovingienne sont attestés par l'introduction dans la Loi salique, sous plusieurs titres différents, de dispositions spéciales relatives aux arbres fruitiers. Une amende de trente sous est édictée contre celui qui étêtera ou volera un arbre greffé, ou domestique, situé dans une cour ou près d'une cour ; celui qui enlèvera les greffes d'un arbre ou qui en arrachera l'écorce paiera une amende de trois sous et si le délit a été commis dans un jardin ou verger, la peine sera quintuplée ou portée à quinze sous. Dans ces textes les pommiers sont désignés sous les noms de *pomarius*, *melarius* et les poiriers sous le nom de *perarius*, *pirarius* (1).

C'est ainsi que nous voyons au VI⁰ siècle, un moine breton saint Telio ou Teliau, planter de ses propres mains, aux environs de Dol, avec l'aide de saint Samson, un immense verger ; où, comme le dit la légende, une vraie forêt d'arbres fruitiers ayant trois mètres de long (2).

Il est à noter qu'au milieu du V⁰ siècle, Palladius, fils d'Exuperance, préfet des Gaules, et originaire de Poitiers, dans son traité d'agriculture que nous avons déjà cité, avait consacré un livre entier à l'art de greffer et d'enter les arbres fruitiers sous ce titre : *de Incisione*.

Ce traité fut considéré comme un des meilleurs qui aient été composés sur l'agronomie. La place qu'il y est donnée à l'amélioration des arbres est une preuve de l'importance que les

---

(1) Pardessus, *Loi salique*. — Troisième texte : titre XXTII. *De furtis diversis*, art. 8, 9, 10, 11, 15. — Quatrième texte : titre VIII. *De furtis arborum*, art. 1, 2. — Cinquième texte : titre VIII, 112, texte publié par Herold, titre VIII, art. 1, 2 ; titre XXVII, art. 21, 22, 23, 24.

(2) *Les Moines d'Occident*, par M. le comte de Montalembert, t. II, p. 445.

Gallo-Romains attachaient à la greffe et des progrès que l'arbori-
culture avait accomplis à cette époque (1).

M. Siméon Luce a fait remarquer que le grand nombre de
lieux dits qui tirent évidemment leur origine du nom du pommier
est un argument en faveur de l'ancienneté de cet arbre dans
notre pays.

Les *Pomas. Pomarède, Pomaret, Pomero, Pomerol, Pomme-
rocère*, sont répandus dans une vingtaine de départements
d'Outre-Loire. Les *Pomay, Pomel, Pomeys, Pomieys*, y sont moins
fréquents.

Les *Pommeraies* se rencontrent partout dans le pays de la
langue d'Oïl.

On y trouve ainsi beaucoup de *Pommeret, Pomme-Reine,
Pommereuil, Pommerieure, Pommeret*.

Les pommiers sont donc de tous les pays de France.

Il ne paraît pas que ces noms soient aussi répandus en
Normandie qu'on pourrait le supposer. Ils semblent être au
moins aussi nombreux, par exemple, dans la Mayenne que dans le
Calvados, si l'on s'en rapporte aux nomenclatures données par
les *Dictionnaires topographiques* de ces deux départements.

On ne peut conclure toutefois des observations qui précèdent
que la qualité de la boisson qu'on tirait des pommes et des poires
se fût encore très sensiblement améliorée à l'époque mérovingienne. Voici, en effet, ce qu'on lit dans la vie de saint Guignolé,
moine breton, mort en 532, qui s'était fixé, avec ses compagnons,
près la rivière de Châteaulin : « Il prenait sa boisson avec amer-
tûme. Il ne prit jamais aucune liqueur tirée du raisin ou du
miel, ni lait ni cervoise. Le seul breuvage qu'il se permît, ainsi
que ses moines, était composé d'eau et de la sève des arbres ou
de pommes sauvages (2).

D'autre part, il est dit dans la *Vie de sainte Radegonde*, femme
du roi Clotaire, née en Thuringe vers 513, que depuis sa retraite
dans le monastère qu'elle avait fondé à Poitiers, cette prin-
cesse ne but jamais pour étancher sa soif que de l'eau miellée et
du poiré (*aquæ mulsæ, vel piratii* (3).

(1) *Histoire littéraire de la France*, t. II, p. 299-301. — Cet ouvrage a eu de
nombreuses éditions au xvi⁰ siècle. La première est celle de Rh. Beroalde,
parue en 1493. Le livre *De institione* a été reproduit dans le septième volume
des *Poetæ minores* de la collection Lemaire.

(2) D. Lobineau, *Hist. de Bretagne*, t. II. *Vie des saints de Bretagne*,
p. 45. Cité par Léopold Delisle, *Op. cit.*, p. 471, 472.

(3) *Ibid.*, p. 472.

Un témoignage analogue nous est fourni, vers 753, par la *Vie de sainte Segolène,* abbesse de Troclar sur les bords du Tarn, près d'Albi. On y voit que cette abbesse, durant le carême, ne buvait que de l'eau et du poiré (1).

Charlemagne, dans ses *Capitulaires,* ordonne que dans ses domaines on entretienne des brasseurs habiles à préparer la cervoise, le pommé (*pomacium*), le poiré et toutes les liqueurs pouvant servir de boisson (2).

Il semble que la fabrication du cidre et du poiré se soit alors perfectionnée, car au milieu du IXᵉ siècle nous trouvons une lettre de Loup, abbé de Ferrières, au diocèse de Sens, qui invite les moines Folchricus et Maurice à venir goûter du poiré (*piratium*) dont ils font leurs délices (3).

Il faut noter encore que les plants de pommiers (*pomarii*), sont mentionnés, concurremment avec la vigne, dans l'énumération des possessions de l'abbaye de Saint-Sauveur, de Redon, en 883 (4).

Vers 1100 environ, nous trouvons un statut de Suavius, abbé de Saint-Serve, au diocèse d'Aix, exemptant de tous droits le vin et le pommé (*pomacium*) achetés des paysans et introduits dans les dépendances de l'abbaye. On voit par là que, dès cette époque, le cidre entrait en partie dans la consommation habituelle de la population méridionale (5).

On sait aussi que, dans la coutume de Bayonne, on fait mention du cidre, connu dans le pays sous le nom de *pomata,* aujourd'hui *pomada.*

Quoique le fait ne paraisse pas se rattacher à l'histoire des fruits à cidre proprement dits, nous ne devons pas oublier que dans les historiens des Croisades, il est fait mention de poires de Damas et d'autres fruits dont le sultan Saladin fit présent aux rois Philippe-Auguste et Richard Cœur-de-Lion. Il est très probable, d'ailleurs, que ces voyages en Orient donnèrent lieu à l'introduction en Europe d'espèces de fruits nouvelles (6).

(1) Bollandistes, *Acta sanctorum,* 24 julii, p. 633. Cité par M. de Boutteville, *le Cidre,* p. 42.

(2) *Capitulaire de Villis,* édit. de Baluze, ch. XIV.

(3) *Lettres de Loup, de Ferrières,* ch. IX, p. 161, de l'éd. de Baluze.

(4) *Cartulaire de Redon,* p. 33.

(5) D. Martène, *Thesaurus anecdoct.,* t. I ; col. 275, cité par MM. Léopold Delisle et L. de Boutteville.

(6) V. Bromton et *Bibliothèque des Croisades,* t. II, § 37. — La *Pomme-de-Richard* n'aurait-elle pas la même origine ?

IV

Le Cidre en Normandie, du XIIᵉ au XVᵉ Siècle

Baudri, abbé de Bourgeuil, depuis archevêque de Dol, mort en 1130 à Saint-Samson-sur-Rille (1), où l'église de Dol avait une terre considérable ayant titre de baronnie, était un écrivain élégant et raffiné, ami d'Ordéric Vital, moine de Saint-Evroult et de l'abbé de Saint-Martin de Sées. Il se servait pour écrire de tablettes enduites de cire verte et non de cire noire, suivant l'usage ordinaire, apparemment, disent les Bénédictins, parce que cette couleur plaît davantage à la vue. Dans une de ses lettres il témoigne son chagrin de ce que le style en os ou en ivoire ou simplement en buis, avec lequel il était habitué à écrire depuis dix ans s'était cassé. Dans une autre, il plaisante sur le nouveau style qu'un certain Lambert d'Angers lui avait fabriqué, et il loue l'élégance de l'écrin ou portefeuille destiné à serrer les précieuses tablettes dont l'abbé Saint-Martin de Sées lui avait fait présent (2).

Ce poète, dans une épître en vers adressée à Guillaume de Lisieux, à la suite d'un voyage en Normandie, nous fournit la preuve qu'à cette époque la bière était la boisson ordinaire des Normands.

Si vous me demandez dans quelle saison Lisieux fait la vendange, je réponds que Lisieux n'a pas même de raisin à cueillir. Vous m'en demandez la raison ? C'est que ce pays est resté en dehors de l'empire de Bacchus *(non est Bacchica tellus)* et que le sol n'y peut nourrir les ceps de vigne. Vous me demanderez quelle est la boisson ordinaire des habitants ? Leur boisson est faite d'une décoction d'avoine. Lisieux ne connaît point le vin, et pour toute boisson se contente d'une infusion d'avoine dans de l'eau bouillante. C'est ainsi que chaque année les Normands tirent leur boisson du chaume et non du jus de la treille (3).

(1) *Histoire littéraire de la France*, t. XI. p. 96 et suiv. réunie à Saint-Samson de la Roque, canton de Quillebeuf, département de l'Eure.

(2) Cette pièce de vers a été publiée par Louis Dubois (*Archives annuelles de la Normandie*), t. I. p. 209 et par Pluquet, dans son *Essai historique sur Bayeux*, p. 160-161, et par L. Delisle ; p. 472. — *Histoire lit. de France*, t. X, p. 83-94.

(3) Cité par M. Léopold Delisle, p. 478.

Le témoignage d'un autre poète, Bourguignon d'origine, Raoul
Tortaire, moine de Fleuri-sur-Loire (mort vers 1113), qui visita
Bayeux vers la même époque, n'est pas plus favorable au cidre de
Normandie :

> J'entre pour me rafraîchir sous l'humble toit d'un tavernier connu,
> et je demande du vin. On m'apporte un breuvage fait avec du jus de
> pommes acerbes que je porte à ma bouche, croyant boire du vin.
> Hélas ! le royaume de Bacchus est limité à la Normandie... Je repousse
> la coupe après avoir feint d'y tremper mes lèvres et je la rends au
> serviteur du tavernier, et me penchant vers son oreille, je lui dis :
> Malheureux valet, pourquoi m'as-tu présenté un pareil poison.

Si le cidre, à cette époque, était de qualité très inférieure en
Normandie, c'était sans doute la faute des habitants. Les fruits
sauvages étaient généralement employés pour le fabriquer, aussi
bien que les fruits d'arbres cultivés. C'est ainsi qu'en 1163 nous
voyons Enjuger de Bohon donner à l'abbaye de Marmoutiers qui
avait des prieurés dans le Perche et en Normandie, la dîme de ses
pommes de verger et de bois. En 1183, Robert, comte de Meulan,
permettait aux moines de Jumièges de cueillir dans sa forêt de
Brotonne des pommes pour leur boisson et pour celle de leurs
serviteurs. A la fin du XIII° siècle, les moines de Saint-Ouen de
Rouen percevaient encore des rentes de pommes des bois.
En 1313, les bordiers de la ferme de l'Ile devaient cueillir les
pommes dans les bois quand il y en avait, mais à la vérité ce
droit était de nulle valeur. Enfin, en 1333, les religieux de Saint-
Ouen faisaient conserver dans un petit baril le verjus de pommes
de bois qu'ils recueillaient à Quincampoix.

Voilà pour les abbayes où la culture était perfectionnée. Quant
aux usagers on leur abandonnait les pommes, poires, cormes,
prunelles, cenelles, nèfles et alises sauvages, qu'ils pourraient
cueillir dans les forêts d'Evreux, d'Andeli et de Brotonne. La
cueillette en commençait à la mi-août et se fermait en septembre.
M. Léopold Delisle, auquel nous empruntons ces faits, est porté à
croire que les fruits mûrissaient alors en Normandie plus tôt
qu'aujourd'hui.

A partir du XII° siècle, les mentions du cidre deviennent assez
fréquentes, mais il n'en est pas moins certain qu'à cette époque
cette boisson était d'un usage beaucoup moins général qu'elle n'est
devenue plus tard. (1)

(1) L. Delisle, *ibid.* p. 477, 476 et 373.

Ce ne fut sans doute pas avant le xii° siècle, dit M. Delisle, qu'il commença dans notre province, à l'emporter sur une boisson rivale, la bière, si fréquemment citée dans les anciens textes.

A côté de la bière, il faut placer le vin que la Normandie a produit en assez grande quantité jusqu'au xvi° siècle.

M. L. Delisle a établi en effet que la vigne fut cultivée sur un grand nombre de points, de sorte que les droits de pressoir que l'on voit souvent mentionnés dans les chartes peuvent se référer tantôt à des pressoirs à vin, tantôt à des pressoirs à cidre. C'est au xi° et au xii° siècle que les vignobles normands acquirent leur plus haut degré de prospérité. Henri II, roi d'Angleterre, en arrêta le développement en ouvrant les ports de la Normandie aux vins de l'Aquitaine. La conquête de Philippe-Auguste exerça une influence encore plus remarquable sur cette culture, par la libre introduction des vins de Bourgogne et de l'Isle de France. Avec de tels champions, dit M. L. Delisle, la lutte était trop inégale. D'autre part l'usage du cidre commençait à se généraliser. La réunion de ces causes paralysa une culture qui avait pris une grande extension en Normandie.

Il paraît résulter des textes cités par M. Léopold Delisle que c'est en Basse-Normandie et principalement dans les vallées de la Touque et de la Rille que l'usage du cidre s'est d'abord répandu.

Vers 1100, Guillaume comte de Mortain donna aux chanoines de Saint-Evroult la dîme du cidre de Barneville-en-Auge. Quelques années plus tard, on voit par le cartulaire de Saint-Etienne de Caen que le cidre était un des principaux produits du fief de Simon de Beuville.

Dans la seconde moitié du xii° siècle, les religieux de l'abbaye de Troarn percevaient la dîme du cidre dans les paroisses d'Annebaut-en-Auge et de Saint-Pair, près de Troarn (1).

A la fin du même siècle, les droits perçus par le fisc sur cette boisson figurent au nombre des produits des prévôtés de Caen et de Pont-Audemer, au même titre que le vin, le médon, la bière et la cervoise.

Ce droit était, dans ces deux prévôtés, de quatre deniers par tonneau (2).

(1) L. Delisle, ibid, p. 473-474.
(2) Qui attulerit siceram vel modonem, vel moraturam vel cervelsiam, de de unoquoque dolio IIII denarios (Grands rôles de l'Échiquier, p. 193, c. 2).
— Cartulaire normand, n° 1045.
Cartulaire de Saint-Gilles de Pont-Audemer, f° 89, v. c. 2.

Notons en passant que ces tarifs sont un des premiers textes dans lesquels le cidre est désigné d'une façon positive sous le nom de *sicera*. Dans beaucoup d'autres, *sicera* continua longtemps encore à signifier tantôt bière, tantôt cidre.

C'est à la même époque que Guillaume le Breton, chapelain de Philippe-Auguste, qui avait suivi le roi à la conquête de la Normandie, en 1204, consacra au cidre du Pays-d'Auge, dans la *Philippide*, quelques vers qui attestent la supériorité reconnue du cru de ce pays et les progrès réalisés dans la fabrication depuis Raoul Tortaire. Il faut ajouter que le chapelain du roi, étant Breton d'origine, n'avait pas nécessairement contre la boisson nationale des Normands le préjugé peut-être faux de Raoul Tortaire. Aussi paie-t-il un juste tribut d'admiration aux fruits rouges de nos pommiers et au cidre délicat et mousseux que produit en abondance le Pays-d'Auge (1). Comme conséquence, dès cette époque, le pressurage des pommes donna lieu à la perception de droits. C'est ce qu'on voit par une charte de Samson d'Argences en faveur de l'abbaye de Fécamp, de l'année 1237. La récolte et le pressurage des pommes étaient, au reste, depuis longtemps au nombre des services dûs par les bordiers.

Dès lors aussi le cidre était entré pour une part dans l'approvisionnement des maisons religieuses, comme le constate le *Registre des visites* d'Eude Rigaud, archevêque de Rouen, contemporain de saint Louis. M. Léopold Delisle en trouve l'usage dans les abbayes de Silli, de Préaux, et dans le prieuré de Sainte-Barbe-en-Auge et de Saint-Imer au xive siècle (2).

Lorsque les Templiers furent arrêtés, en 1307, les commissaires qui dressèrent l'inventaire de la commanderie de Courval dans la paroisse de Vassy, trouvèrent dans le cellier « une baissière » et deux petites pipes de vin d'Anjou, un tonneau de cidre et « une pippe de sidre novel, pour l'estorement de l'ostel. » Ce qui prouve que la provision de cidre était aussi forte que celle de vin. A la commanderie de Voismer, à Fontaine-les-Bassets (Orne), on trouva deux tonneaux et une pipe de petit cidre. Ce qui

---

(1) Non tot in automni rubet Algia tempore pomis.
Unde liquore solet sibi Naustriagretam.
Philippide, livre vii, dans les *Historiens de Fr.*, p. 130.
... Siceræ que tumentis
Algia potatrix.
Ibid, livre v, p. 172.

(2) Léopold Delisle. *Ibid*, p. 473, 474.

suppose la fabrication d'un tonneau de qualité supérieure. Même chose à la commanderie de Louvagni.

Ces inventaires dressés à l'occasion du célèbre procès des Templiers suggèrent à M. Gustave Le Vavasseur la réflexion suivante :

Quelle *piscantine* (1) buvaient ces pauvres moines-soldats et de quels *déqueux* (2) était faite la baissière du poinçon inventorié dans la saisie de la commanderie de Louvigny ? Ce n'est pas l'abus de cette « boue normande », comme l'appelait Raoul Toutain qui a fait naître le proverbe : « Boire comme un Templier. Et patati et patata ! »

Il n'était peut-être pas si à dédaigner que cela le cidre que buvaient les Templiers de Normandie, puisque, dès la fin du XIII⁰ siècle, des courtiers de vin et de cidre, à la nomination des officiers municipaux, avaient été établis dans la ville de Caen, comme on le voit par les lettres patentes données à cette occasion par le roi Philippe-le-Bel (3).

L'abondance des poiriers dans le Bocage fit, dit-on, donner le nom de *Pirus* à la ville de Condé-sur-Noireau par le roi Charles-le-Mauvais, dans sa correspondance secrète avec ses capitaines (4).

Le cidre, de proche en proche, gagnait du terrain. Une ordonnance de 1315 nous apprend que pour remonter la Seine jusqu'à Pont-de-l'Arche, le tonneau de cidre avait à acquitter un droit de 10 deniers au profit du roi, c'est-à-dire le quart de ce que payait le vin français (5). Les maisons religieuses de la Haute-Normandie en étaient abondamment pourvues au XIV⁰ siècle. Celle de Beaubec l'achetait dans le pays de Brai, celle de Montivilliers à Harfleur, à Sanvic et dans les paroisses des environs, le plus souvent chez les curés, ce qui prouve que ces derniers passaient pour s'entendre à bien fabriquer le cidre, et, d'autre part, que la culture des pommiers était suffisamment développée pour que la

---

(1) *Piscantine* ou *biscantine*, mauvaise boisson, dite aussi *clacusse*. L. Dubois, *Glossaire du Patois Normand*, augmenté par Julien Travers.

(2) Déteux, fruits tombés avant la maturité, se trouve dans le *Vocabulaire de l'arrondissement de Mortagne*, par Delestanz, sous-préfet de Mortagne, publié dans l'*Enquête philosophique de 1812 dans les arrondissements d'Alençon et de Mortagne*, Alençon 1830.

(3) Jules Tirard, *Esquisses du Bocage normand*, t. II, p. 263-264.

(4) *Ibid*, p. 263.

(5) *Ordonnances*, t. I, p. 592.

dîme des pommes leur produisit un excédent de boisson qu'ils pouvaient vendre (1).

M. Siméon Luce, dans la *Jeunesse de Du Guesclin*, constate également que le cidre commençait à supplanter la cervoise et que dans les tavernes, de plus en plus nombreuses, on le débitait concurremment avec le vin et la bière (1). C'est ce que l'on voit par exemple par le réglement des pitances de l'abbaye de Silli (Orne), dressé en 1317 (2).

A l'appui de cette affirmation, nous sommes en mesure de produire quelques chiffres, relevés par M. Léopold Delisle, dans le tableau de la vente des vins et des cidres en gros et en détail dans la ville de Caen, pendant l'année 1371 :

Cidre vendu en détail...	3.866 livres 13 sous 4 deniers
Cidre vendu en gros....	1.521 —
Total....	5.387 livres 13 sous 4 deniers
Vin vendu en détail.....	23.660 livres
Vin vendu en gros......	9.524 — 13 sous 4 deniers
Total général....	33.184 livres 13 sous 4 deniers

On voit par là que le produit de la vente du cidre représentait environ le sixième du produit de la vente du vin Mais il faut tenir compte de la différence de prix de ces deux boissons.

C'est encore à M. L. Delisle que nous devons de pouvoir établir cette comparaison et précisément pour l'année 1371:

A Evreux, en 1371, on avait pour 9 sous 2 pots de vin, ce qui en met le prix à 4 sous 6 deniers le pot, tandis que le cidre valait 6, 8 ou 10 deniers le pot, selon la qualité.

En comptant le pot de cidre au prix moyen de 8 deniers environ, on trouve que pour 56 deniers on avait environ 7 pots de cidre contre un pot de vin.

(1) Ch. de Robillard de Beaurepaire. *Notes et documents concernant l'état des campagnes de la Haute-Normandie dans les derniers temps du Moyen-Age*, 1863, in-8°.

(2) Dans le réglement pour les pitances en vin, arrêté par Richard, abbé de Silli, en conséquence des fondations faites par feu Robert, seigneur d'Aunou, moine du Val-Dieu, par Gui d'Aunou, son frère, seigneur de Médavi et par Guillaume le Queu (Coquus), chevalier, il est dit que le pitancier fournira le vin nécessaire à toute la communauté, aux religieux de l'infirmerie et aux frères convers, aux anniversaires marqués dans le Martyrologe et aux fêtes solennelles, excepté le jour de l'Assomption, où l'abbé donnera à toute la communauté et même aux hotes, outre le vin, un repas composé de viande, de harengs, de fromages, du cidre et de cervoise. (Archives de l'Orne H. 1068).

4

Donc dans le tableau comparatif des prix de vente du vin et du cidre à Caen, à la même époque, il faut multiplier par 7 le total de la vente du cidre pour avoir une quantité équivalente en vin.

Il résulte de là qu'en 1371, il s'était vendu à Caen, à peu de chose près, autant de cidre que de vin.

Parmi les signes, sinon parmi les causes du progrès de l'agriculture à cette époque, on peut citer le *Traité d'agriculture* composé en 1304 par Pierre Crescenzio, de Bologne, et dédié à Charles d'Anjou, roi de Jérusalem, de Naples et de Sicile, neveu de saint Louis. Ce traité renferme une compilation intelligente des auteurs de l'antiquité qui ont écrit sur l'agronomie, tels que Palladius qui, comme on l'a vu, s'était attaché avec une prédilection marquée à faire connaître les moyens d'améliorer les arbres à fruits. Crescenzio y avait joint des observations personnelles d'un véritable intérêt. Son livre, écrit en latin, fut bientôt traduit en italien et Charles V, dit le Sage, le fit traduire en français et approprier aux besoins de l'agriculture en France (1).

La guerre de Cent-Ans et l'occupation anglaise furent pour la Normandie une période de désolation et de ruines, durant laquelle l'agriculture eut nécessairement beaucoup à souffrir. Le 21 janvier 1352, Charles VI avait établi un droit de huitième sur le vin et sur tous autres breuvages vendus au détail, pour les dépenses de la guerre contre les Anglais. Mais indépendamment de ces charges fiscales, les cultivateurs eurent à subir toutes sortes d'exactions de la part des soldats et des officiers anglais. La culture des terres fut même abandonnée dans beaucoup de paroisses, les propriétaires ayant été chassés ou massacrés ou forcés de s'expatrier. On constate un grand nombre de faits de ce genre dans la Haute et dans la Basse-Normandie. (2)

L'un des actes par lesquels Henri V, roi d'Angleterre, inau-

---

(1) Ginguené, *Hist. litt. de l'Italie*, t. III, p. 145 et suivantes. — Monteil, *Histoire des Français des divers états* (Agriculture). Nouvelle édition, par Ch. Louandre.

(2) Excès commis par les soldats Anglais et exactions des officiers des finances et autres, années 1429, 1455.

Au nombre des méfaits dont les députés des bonnes villes du plat pays, s'étaient plaints au Grand Conseil du roi d'Angleterre en 1447, figurent des extorsions en deniers, vins, cidres, blés, avoines, foins, bœufs, vaches, etc. (Archives de l'Orne, A. 416).

Comptes de la vicomté d'Exmes, 1444.

Enquête faite sur les ravages exercés par les brigands dans la paroisse d'Hesloup depuis huit ans, en 1446 (Archives de l'Orne, *Ibid.*).

gura sa prise de possession de la Normandie, fut la levée du
« quartage de tous les beurages, c'est assavoir, vin, cidre, cervoise
et bochet », qu'il ordonna par ses lettres patentes du 7 mai 1419.

Outre cette imposition, les bourgeois des villes eurent à
acquitter différents droits d'aides, établis pour subvenir aux frais
que nécessitaient « la fortification, emparement et réparation »
des murailles des villes closes.

C'est ainsi que le 14 mars 1422, le roi d'Angleterre ordonna
la levée dans la ville de Montivilliers d'une aide de 25 sous sur
chaque gallon de vin vendu en détail, de 2 sous 5 deniers sur
chaque rondelle de cervoise vendue en gros ou en détail « et des
autres menus buviages à l'équipolent », pour être les deniers en
provenant employés aux réparations des murailles et aux autres
dépenses urgentes de la ville.

Le lendemain 15 mars, une ordonnance analogue fut rendue
pour la ville de Caen. Les bourgeois de Caen avaient exposé que
les aides de 20 sous sur chaque queue de vin au détail et 5 sous
sur chaque queue de cidre, cervoise et bochet ne rapportaient
par an que 500 livres. Ils avaient demandé, en conséquence, l'établissement de droits d'octroi applicables aux besoins de la ville.

Cette demande fut accueillie, et le tarif suivant fut établi sur les
boissons et sur les autres denrées, au profit de la caisse municipale
de Caen.

Sur chaque queue de vin entrant dans la ville, 6 sous t.
Sur chaque sextier de pommes qui viendra en la dicte ville, par mer
ou par terre, 6 deniers t. (1)

Le 20 mars 1422, les bourgeois d'Argentan eurent aussi leurs
lettres d'octroi, consistant dans la levée du droit de *maille*, ainsi
établi :

Sur chascune queue de vin vendue à détail ou beue par estorement
en la dicte ville, 20 sols t.
Sur chascune queue de sidre, 4 sous t.
Pour chascun brassin de cervoise, 4 sous t. (2)

Dans les aides accordées aux villes de Rouen et de Bayeux les
1er et 2 avril 1422, il est à noter qu'il n'est pas question de droits
sur le cidre.

(1) Bibl. nat. Collection Bréquigny, Normandie, N° 49. — *Rôles normands
et français, Antiquaires de normandie*, t. XXIII, p. 193-195.
(2) Bréquigny *Rôles normands et français*, n° 536, dans les Mém. de la
Société des antiq. de Norm. XXIII° vol. *Ordonnances des rois de France*,
t. XI, p. 116.

Il ne paraît pas, d'ailleurs, que les soldats anglais fissent aucunement fi du cidre normand. C'est ce qu'on voit par un procès de récolement dressé le 12 juin 1437, par Jean de Pierres, lieutenant général de Guillaume Oldhall, bailli d'Alençon, pour le roi d'Angleterre, en présence de Richard Saling, vicomte d'Argentan et d'Exmes et de plusieurs autres notables personnes, « pour ce que des pièça plusieurs provisions de vivres avoient esté mis eu chastel d'Argenthen et depuis, pour aucunes nouvelles qui sourvindrent de la venue des adversaires, ils avoient esté mis dedans le donjon dudit chastel, ouquel lieu ils se estoient diminuées : c'est assavoir quatre cens bouisseaux de fourment.

« Item, au regart de xxiii pipes de sidre qui y estoient sept pippes d'icelles, furent perdues par la force du grant yver et troys pippes emploiées en boulayage des autres, ainsy ne reste que treze pippes qui furent baillies auxdits souldoiers au prix de soixante soulz la pippe, qui vallent pour tout pour quarantedeulx livres, dont ledit vicomte fut chargé respondre et les emploier en autres sidres et pour ce, xvii livres (1). »

Bourgueville, dans les *Recherches et Antiquités de Neustrie*, nous fait connaître qu'en temps de guerre, lorsqu'il était nécessaire de pourvoir à l'avitaillement du château de Caen ; le vicomté de Caen fournissait les blés ; Bayeux, les blés et les beurres ; Vire, les lards ; Falaise, en partie les blés, pois et fèves ; Auge, les cidres.

Puisque nous sommes sur le chapitre des Anglais, nous ne pouvons oublier le brave Virois qui sut si bien les combattre et chanter le cidre ?

> Hélas ! Olivier Basselin,
> N'orrons-nous plus de vos nouvelles ?
> Vous ont les Anglois mis à fin ?
> . . . .
> Vous souliez gaiement chanter
> Et de meyner joyeuse vie
> Et la blanche livrée porter
> Par tout le pays (2) de Normandie (3),

---

(1) *Archives de l'Orne*, A., 414.

(2) M. Armand Gasté a fait remarquer que *pays* se prononçait alors *pais*, comme dans le patois bas-normand actuel. (*Noëls et vaudevires* du manuscrit de Jean Porée, 1883, p. 43).

(3) *Chansons du* xve *siècle*, Société des anciens textes français, 1873, p. 37.

Un autre poète, compagnon du Vau-de-Vire, dans une chanson qui n'a pas, comme cette complainte sur la mort de Basselin, le mérite d'avoir été composée au xv⁰ siècle par un contemporain, a dit moins bien :

> Basselin faisait les chansons,
> C'estoyt le maistre pour bien dire ;
> Il hanta tant les compagnons
> Qu'il ne lui demoura que frire,
> Or fust de sildre ou fust de vin,
> Il en beuvoit jusqu'à la lie (1).

Cela c'est la légende, qui, comme toujours, a transformé le personnage historique et en a fait un type de fantaisie, un simple chansonnier de taverne. Le poète délicat qui chanta la Fleur du Val-de-Vire, le patriote qui sonna la charge contre les Anglais est resté longtemps presque oublié, perdu dans la foule des insurgés bas-normands, qui pour avoir osé relever la bannière de Charles VII, vaincus, furent flétris par la justice anglaise du nom de brigands. Les poètes, il faut bien le dire, ont été complices de ce travestissement. Il a fallu les patientes recherches de M. Armand Gasté pour retrouver la vraie physionomie de ce Tyrtée populaire, sous le masque barbouillé de lie qu'il leur avait plu de lui imposer. On nous pardonnera de nous être arrêté un instant pour rendre hommage, nous aussi, au vieux poète dont les chansons sur le cidre ont mieux servi la mémoire, peut-être, que les actes du patriotisme le plus méritoire.

Comme conclusion et pour nous résumer, nous croyons affirmer, d'accord avec nos principaux historiens que le cidre était devenu la boisson commune dans la Basse et la Moyenne Normandie au xv⁰ siècle. Julien de Paulmier, qui publia en 1589 son *Traité du Vin et du Cidre*, atteste que « le cidre n'estoit anciennement si commun en Normandie qu'il est de présent ; et il n'y a pas cinquante ans qu'à Rouen et en tout le pays de Caux la bière estoit le boire commun du peuple, comme est de présent le cidre. »

Du côté d'Evreux, l'usage du cidre était, au contraire, plus général. C'est ce qu'attestent les comptes de l'Hôtel-Dieu, de cette ville de 1370 à 1459, dans lesquels il est fait mention de vin, de cidre et de pommé (1).

(1) Ch. de Beaurepaire, *ibid.*, p. 86.

Les prix des boissons, au xv° siècle, relevés par M. L. Delisle nous fournissent quelques chiffres qui confirment ces conclusions.

En 1442, à Evreux, on avait un pot de cidre pour 6 deniers et deux pots de vin pour 26 deniers, ce qui porte le pot de vin à 13 deniers. La queue de cidre valait 37 sous 6 deniers et la queue de vin 6 livres. Il faut croire que l'année était abondante en cidres et en vins, car à Rouen, en 1449 la queue de cidre se vendait 65 sous.

A Breteuil, en 1455, deux demi-queues d'excellent cidre se vendaient 26 sous.

A Evreux, en 1459, la queue de cidre valait 4 livres 10 sous et la demi-queue de vin 110 sous. En 1460, dans la même ville, la demi-queue de poiré se vendait 25 sous (1).

Comme renseignement complémentaire, nous pouvons donner le prix des pommes et du cidre en 1451, à Silli, cru excellent. Cette année les religieux de l'abbaye avaient acheté 80 boisseaux de pommes, au prix de 20 deniers le boisseau, et ils avaient payé 100 sous une pipe de cidre. (2)

En 1466, il fut dépensé à l'Hôtel-Dieu de Bayeux « pour pommes mises en sydres et fait faire hors ledit hostel, pour ce qu'il en estoit peu et mis en deux vaisseaulx, contenant environ pipe et demie 6 livres 10 sols ; pour faction dudit sydre 11 sols 6 deniers ; pour une livre de suy bateiz, pour suer et ordonner le presseur, 26 deniers ; pour demie livre de suy bateiz à suer des pippes, à metre du sydre, 8 deniers. — De Colin Vinchent, pour une pippe de sydre, le seizième jour d'avril, 5 sols. (3)

V

Le Cidre en Normandie au XVI° siècle

Vers le commencement du règne de Louis XII, un gentilhomme de la province de Biscaye, au royaume de Navarre, vint s'établir au val de Saire, à l'Estre, près de Valognes. Il se nommait Guillaume Dursus ou Dursue. Quelles circonstances l'avaient

(1) Léopold Delisle, *ibid.*, p. 610.
(2) Arch. de l'Orne, H. 1124.
(3) Comptes de l'Hôtel-Dieu de Bayeux, année 1466, p. 103, 124. (Bibl. nat., suppl. 2538.

déterminé à venir chercher fortune ou aventures en Normandie ? Nous ne saurions le dire précisément. S'il faut en croire M. Alfred Picard, « depuis longtemps » les rapports étaient fréquents entre les deux pays ; les Basques expédiaient beaucoup de cidre dans le Cotentin. Un vieil écrivain écrit : « De là (de la Biscaye), a été apportée cette année bonne quantité de cidre par la mer à Coutances et autres lieux circonvoisins (1).

Malheureusement, nous ignorons quel est le vieil écrivain sur lequel M. Alfred Picard s'appuie, et nous ne pouvons nous prononcer sur la valeur de ce témoignage.

Ce qui est hors de doute, en tous cas, c'est que l'aventurier biscayen dont nous parlons était bon gentilhomme, qu'il avait donné des preuves de sa bravoure et accompli des actions d'éclat pendant les dernières années du règne de Charles VIII. C'est à ce titre que le roi Louis XII lui octroya, au mois d'octobre, quinze des lettres de naturalisation datées de Nantes, l'autorisant à s'établir en Normandie et à y acquérir des héritages (2). C'est ainsi qu'il devint seigneur du fief de l'Estre qui s'étendait sur une partie des paroisses d'Aumeville et de Morsalines.

Quelle que soit la circonstance qui l'ait attiré dans ce pays, Guillaume Dursus s'y est créé des droits à la reconnaissance de tous les Normands par les services auxquels ceux-ci durent particulièrement être sensibles, en réalisant un progrès remarquable dans le perfectionnement des espèces de pommiers à cidre.

La Biscaye, d'où il était originaire, possédait plusieurs variétés de pommiers, très supérieures à celles que l'on avait cultivées jusqu'alors en Normandie. Il avait fait venir des greffes de son pays natal, et avait réussi à acclimater ces espèces d'élite, notamment l'*Épicé* et la *Barbarie de Biscaye*, à l'Estre, à Aumeville, à Morsalines, en un mot dans tous les villages des environs de sa seigneurie. L'une de ces espèces porta longtemps et porte encore aujourd'hui le nom de « greffe de Monsieur de Lestre » ou, par abréviation, greffe de *Monsieur*.

Greffe de *Monsieur*, écrivait en 1589 Jacques de Cahaignes, c'est une sorte de grosse pomme douce, de la dernière fleuraison et de la première maturité entre les bonnes. Le sidre se fait au commencement de septembre. Les greffes ont esté n'a guères apportées de Biscaye. Monsieur do l'Estre, à deux lieues de Valongnes, a esté le premier qui les a entées, à ce que j'ay entendu au pays.

(1) Alfred Picard, *Rapports du jury international, Exposition universelle de 1889*, Groupe VII, p. 700.

(2) *Archives nationales*, p. 234, n° 68.

Telle est évidemment l'origine de la tradition qui a eu cours dès le XVIᵉ siècle sur l'introduction de l'usage du cidre en Normandie et qui s'est conservé d'une façon plus ou moins confuse jusqu'à nos jours.

Jacques de Cahaignes explique ainsi l'invention du cidre (1) :

Il est vray-semblable que l'invention du sidre soit fort ancienne, veu que de temps immemorial l'usage en est en Biscaye, et en ceste province de Normandie. Mais il est autant impossible de dire qui en ait esté premier inventeur, qu'il est difficile de composer le différent, qui est entre les Normands et Biscains, pour la première possession que l'une et l'autre partie se prétend attribuer : de quoy toutesfois jamais homme que je sache, n'a laissé aucune chose par escrit. Il est vray-semblable qu'ainsi que selon les Hébreux, Noé ayant espraint premièrement la grappe, et trouvé le jus bon, a donné commencement au vin, quelqu'un aussi ayant pillé des pommes, et trouvé le jus plaisant, ait donné commencement au sidre, non seulement en ceste province, où il ne peut croistre vin excellent, pour la débilité et faiblesse du soleil : mais aussi en Biscaye, où ils en ont commodité de leurs voisins.

Si le point de départ du « différend qui est entre les Normans et les Biscains » semble avoir été ici quelque peu perdu de vue par Jacques de Cahaignes, au moins doit-on reconnaître que, dans cet exposé, il a fait preuve d'esprit et de bon sens. Plus loin, d'ailleurs, il s'exprime de façon à ne laisser aucun doute sur son opinion relativement à l'ancienneté de l'usage du cidre en Normandie :

Les Costentinois en ont cogneu premièrement l'usage par deçà, ce qu'on peut entendre par les plus vieilles et antiques fieffes de leurs terres, faites aux charges et conditions de cueillir les pommes, et faire les sidre.

L'explication donnée par Seguin, dans son *Essai sur l'Histoire du Bocage* est, au contraire, très confuse et montre le chemin qu'a fait la légende depuis le XVIᵉ siècle.

Il n'est guère possible de fixer l'époque où l'usage du cidre s'est introduit au Bocage. Il est à croire qu'il y a été connu, sinon avant, au moins aussitôt que dans les autres provinces de France qui en font leur boisson ; mais cette époque nous est encore inconnue. Quelques-uns croient que ce furent les Sarrazins qui en apprirent les premiers le brassage, qu'ils l'établirent en Espagne ; d'autres l'attribuent aux

---

(1) *Traité du Vin et du Sidre*, par Julien de Paulmier\(Caen, Pierre Chandellier, 1583), Seconde partie, contenant une *Apologie du Translateur contre l'usage du Vin et du Sidre sans eau* (par J. de Cahaignes). — Une édition critique de ce précieux ouvrage est actuellement préparée par M. Emile Travers, par la Société des Bibliophiles normands.

Biscayens et disent que les peuples de la Bretagne, faisant commerce dans ce pays, l'apprirent d'eux et l'apportèrent dans leur province, d'où il passa en Angleterre et en France. Il est une troisième opinion qui fait honneur de cette découverte aux Croisés qui, en ayant bu et vu faire dans la Thrace, l'Arménie et autres provinces de l'Orient, en apportèrent plusieurs sortes de pommiers qu'ils plantèrent ou greffèrent dans leur pays, et commencèrent ainsi à brasser le cidre.

Louis Dubois, dans son *Mémoire sur l'Origine et l'Histoire du Pommier, du Poirier et des Cidres*, s'est bien gardé d'aller aussi loin, mais ignorant les faits exposés au commencement du présent chapitre, frappé d'ailleurs par ce nom caractéristique de pomme de *Biscait*, il a fait fausse route en en attribuant l'origine à Charles-le-Mauvais, au commencement du XIVᵉ siècle.

Il est évident qu'il faut reporter la culture de ces arbres fort au-delà de Charles-le-Mauvais, roi de Navarre ; mais il est présumable que c'est à lui que nous devons la pomme de Biscait, dont le nom ne permet pas de douter qu'elle provienne d'une autre contrée que de la Biscaye.

Jacques de Cahaignes, dans le chapitre qu'il a consacré aux « plus excellentes pommes à faire sidre », n'a pas omis la *Barbarie de Biscaye*. « que l'on trouve, dit-il, chez M. de la Haille, près le Bourg-l'Abbé, en Costentin. » Mais il a donné une mention particulière et bien remarquable au cru de Morsalines, situé justement dans le fief du seigneur de l'Estre, et créé par lui, qui complète et confirme ce qui a été dit ci-dessus :

A Morsalines, près le Hogue, en Costentin, il y a une espèce de pommes qu'ils appellent d'Espicé, desquelles on fait sidre si excellent que il est par dessus les autres, comme le vin d'Orléans est par dessus le petit vin françois. Le feu grand roy François, passant par là, l'an mil cinq cent trente-deux, en fist porter en barraux. à sa suitte, dont il usa tant qu'il peut durer.

Voici à quelle occasion François Iᵉʳ passa par Morsalines, et à quel titre il put s'arrêter chez Guillaume Dursus, seigneur de l'Estre, pour goûter son cidre. Nous laissons ici la parole à M. Siméon Luce :

De 1312 à 1327, la France et l'Angleterre avaient été presque continuellement en guerre, et nulle part les populations n'avaient plus souffert de cette guerre que dans la presqu'île du Cotentin. Les marins des deux pays, également entreprenants et audacieux, avaient armé des navires en course et, sans parler des nombreuses prises faites de part et d'autre, les Anglais avaient opéré des descentes sur divers points du littoral du Cotentin, tandis que les hardis corsaires de Cherbourg, de Diélette, de Barfleur et de Saint-Waast, portaient, de leur côté, le ravage dans ce qu'on appelle aujourd'hui les îles anglo-normandes.

Or, vers la fin du mois de juin 1522, lorsqu'une flotte anglaise de soixante voiles, commandée par l'amiral Howard, avait paru devant Urville-Hague, dans l'anse de Landmer, et avait débarqué des troupes qui s'étaient aussitôt mises en marche pour attaquer Cherbourg, c'est Guillaume Dursus qui avait assuré la défense de cette ville et forcé l'ennemi à reprendre précipitamment la mer.

Guillaume Dursus avait ainsi largement payé la dette qu'il avait contractée envers son pays d'adoption.

C'est à la suite de ces faits que, dix ans plus tard, au commencement de janvier 1532, François I⁰ʳ s'achemina par la Basse-Normandie et vers la Bretagne. Un double motif l'avait déterminé à entreprendre ce voyage et à suivre cet itinéraire : il allait faire couronner, comme duc de Bretagne, François, son fils aîné, et il voulait mettre à profit l'occasion pour se rendre compte par lui-même de l'état de défense des côtes du Cotentin.

Il n'est pas hors de propos de faire connaître l'itinéraire suivi par le roi. Le 13 janvier, il était à Dieppe, le 2 février à Rouen, le 11, il nomma Philippe Chabot amiral de France ; le 17, il accorde au duc de Ferrare des lettres exceptant de la réunion à la couronne, les vicomtés de Caen, Bayeux et Falaise. Dans le même mois, le roi était toujours à Rouen, créa quatre foires annuelles et un marché hebdomadaire à Briouze (Orne). Le 4 mars, il était à Motteville, le 21 à Argentan, où il paraît être resté seize jours. (1)

(1) Le séjour de François I⁰ʳ à Argentan paraît avoir été marqué par une particularité assez curieuse. On dut envoyer un harnais à Ecouché pour avoir du vin pour le roi. Les temps étaient donc bien changés depuis 1517 où, à l'occasion du séjour que le roi fit dans cette ville, le poète des *Miroirs* assurait qu'Argentan était abondamment pourvu de tout, tant pour le nécessaire que pour les commodités de la vie et notamment de

Bon air, bon vin et bonne compagnie.

Il est vrai qu'en 1532, le roi reçut la visite du légat du pape, et qu'à cette occasion les pourvoyeurs de la cour durent se mettre en campagne, car Brantôme nous apprend que les officiers du goblet et de la bouche du roi faisaient si bien leur office du temps de François I⁰ʳ, que même lorsque le roi s'arrêtait « dans un village, dans une forêt, dans les assemblées, l'on estoit traicté comme si l'on eust esté à Paris. »

Mais pourquoi aller chercher du vin à Ecouché ? On eût plutôt dû, ce semble, aller y chercher du cidre, car les crus de Joué-du-Plain et de Boucé valent bien peut-être le Morsalines. M. G. Le Vavasseur, qui a fait un délicieux commentaire sur ce texte, a remarqué que François Iᵉ ne pouvait ignorer l'importance du débit des taverniers d'Ecouché, qui vendaient alors non seulement du cidre excellent, mais du vin en détail. Il a rappelé fort à propos que le 30 mai 1530, François I⁰ʳ avait précisément fait sceller des lettres patentes portant concession de droits d'octroi aux habitants d'Ecouché pour

Du 2 au 14 avril, on le trouve à Caen, le 15 à Bayeux, les 16 et 17 à Saint-Lô, du 18 au 20 au château de Hambye, le 21 à Coutances où il reste quatre jours, du 25 au 28 au château de Bricquebec, qui appartenait, comme celui de Hambye, à la famille d'Estouteville ; le 28 au soir à Cherbourg, où il consacre trois jours à visiter la ville, les fortifications et le port. Il effectue son retour par Valognes où il se trouvait le 30.

> Nous croyons, dit M. Siméon Luce, que le roi de France qui n'arriva à Valognes que le mardi 30 avril, dut faire une excursion à Saint-Waast, peut-être le jour même de son arrivée, avant de se remettre en route pour la Bretagne, en passant par Lessay, le 2 mai, par Roncey et Coutances, le 4, et enfin par Granville, le 5 de ce mois. C'est évidemment à cette excursion que se rapporte l'inscription suivante, qu'on lisait encore du temps de Toustain de Billy, sur la façade du manoir seigneurial de Huberville, village situé sur la route de Valognes à Saint-Waast et à Morsalines :

> L'an mil cinq cent trente-trois,
> Par cy passa le Roy François.

Cette date est erronée, et l'inscription a sans doute été gravée assez longtemps après le fait qui s'y trouve relaté. Ce fait rapporté, moyennant une correction nécessaire, à l'année 1532, n'en est pas moins constant, puisqu'en 1533 le roi de France ne mit pas le pied en Normandie.

Le seigneur de l'Estre était désigné mieux que nul autre pour guider le roi dans cette inspection des principaux points du littoral qu'il avait entreprise ; il y avait fait ses preuves et su s'y rendre populaire, moins encore par l'éclat de ses actions militaires, que par les services qu'il avait rendus à l'agriculture.

François Ier fut donc hébergé au manoir de Huberville où l'on plaça plus tard l'inscription qu'on vient de lire. Le maître du lieu, Guillaume Dursus, dut éprouver quelque émotion lorsque le roi de France, « assis sous un dais dressé pour la circonstance, du haut du fauteuil en chêne sculpté d'où il dominait tous les autres convives, porta pour la première fois, d'abord à ses narines superbes et si largement ouvertes, ensuite à ses grosses lèvres sensuelles la coupe fleurdelysée où l'un de ses

la fortification de leur bourg « et pour mettre à l'abri des outrages et molestations qui leur étoient continuellement faictes à eux, leurs femmes et familles, par plusieurs gens vagabonds, mal-vivans, et pour aulcunement subvenir aux frais qu'il leur conviendroit de faire. » Le tarif de cet octroi fixe les droits sur les débitants vendant en détail : sur chaque pipe de vin vendue, 20 sous ; sur chaque pipe de cidre, 5 sous, soit le cinquième du droit sur le vin.

pages venait de verser à pleins bords la liqueur, jusqu'alors inconnue à la cour, dont le seigneur de l'Estre était si fier ».

« Voilà qui vaut mieux que le petit vin de France et même que le vin d'Orléans », dut s'écrier le roi en redemandant une nouvelle rasade. Il donna aussitôt l'ordre de faire mettre ses barils et porter à sa suite autant de cidre de Morsalines que l'on pourrait s'en procurer ; et tant qu'il en resta, il ne voulut user d'autre boisson.

Tel est le récit de M. Siméon Luce, et l'on peut dire que le jugement porté sur le cru de Morsalines, par un roi, amateur des voluptés de tout genre et des plaisirs raffinés, recherchant avec passion les plaisirs de la table et s'y entendant à merveille, François Ier en un mot, cet enfant élevé « en ce luxurieux berceau des grosses vignes de la Charente, qui ne sont qu'ivresse, alcool », dit Michelet, et le véritable prototype du héros de Rabelais, équivaut bien à des lettres de noblesse.

La réputation de l'*Épicé* de Morsalines et du vin d'*Écarlate* du Cotentin était si bien établie dès lors, que vingt-deux ans après le passage de François Ier, en 1554, un riche propriétaire du Cotentin, non moins curieux du perfectionnement de ses pommiers à cidre que Guillaume Dursus, Gilles Picot, sire de Gouberville : envoya chercher des greffes du même plant :

Dès le matin, écrit le sire de Gouberville dans son célèbre *Journal*, maître François et messire Jehan Auvray allèrent à Morsalines me chercher des greffes d'*Espicey* et de *Dameret* (1).

Huit ans plus tard, Gouberville envoyait chercher quatre nouvelles greffes et avait soin de noter, dans son *Journal*, qu'elles lui avaient été fournies par le baron de la Hogue, sieur de Morsalines.

Mais le sire de Gouberville mérite lui-même d'occuper une place d'honneur à côté du créateur du crû de Morsalines, et nous devons exposer ses titres à la reconnaissance des Normands. Voici ce que nous apprenons par son curieux *Journal*. Non content d'améliorer ses plants de pommiers par les meilleures greffes qu'il avait pu se procurer, il donnait les soins les plus minutieux, les plus intelligents à des semis de pépins de pommes douces venus sans greffer qu'il mettait en bonne terre et engraissait de fumier. En 1561, il montra à son filleul, de Reffeville, tous les pommiers qu'il avait plantés depuis dix ans et lui fit goûter de douze ou quinze sortes de pommes « doulces, fort excellentes, venues sans greffer. »

(1) Nommé d'ailleurs *Ameret*, notamment par J. de Cahaignes.

Outre ces quinze espèces de pommiers vendus sans greffer, on trouve dans son *Journal* la mention de vingt-neuf espèces cultivées. Le propriétaire du domaine de Gouberville avait ainsi à choisir entre plus de quarante espèces de pommes, toutes de première qualité, dont il disposait les plants suivant la nature du sol et dont il était à même de tirer des cidres qui pouvaient rivaliser avec le Morsalines. Le soin que ce cultivateur donnait à ses greffes, à ses *plants,* qu'il débarrassait constamment de la mousse, des insectes, des parasites de toute sorte, des *scions* ou *jetons,* qu'il taillait lui-même avec des couteaux à deux manches, avec des scies et des ciseaux qu'il faisait même venir de Flandre, pourrait servir de modèle aux plus industrieux de nos contemporains.

Il est donc évident que si l'initiative de Guillaume Dursus marque une phase nouvelle dans l'histoire de la culture des pommiers, le sire de Gouberville s'est acquis des droits non moins grands à notre reconnaissance par l'œuvre qu'il a su accomplir sur son domaine, par les progrès qu'il a réalisés personnellement, par l'exemple qu'il a donné de ce qu'il suffirait de faire pour obtenir, au moyen de la sélection ou des soins les plus intelligents, d'arbres non greffés, une boisson hygiénique de qualité supérieure.

Si notre vœu pouvait être entendu, on verrait un jour s'élever en Normandie un monument destiné à rappeler le souvenir de ces deux grands agriculteurs, comme on l'a fait avec justice pour Dombasle et pour Jacques Bujeaud.

On ne doit pourtant pas être surpris que Rabelais, docteur de la Faculté de médecine de Montpellier, grand observateur, mais joyeux enfant de la Touraine, se soit amusé à traiter la boisson normande avec quelque dédain. Le conte qu'il a fait sur le cidre a pris place dans l'édition des *Grandes Chroniques de Gargantua,* publiée à Lyon en 1533, juste l'année qui suivit le voyage de François Ier en Normandie et en Bretagne, et l'on verra que quoique Tourangeau, Rabelais connaissait assez bien nos meilleurs crus.

Les médecins n'avaient même pas attendu l'approbation officielle donnée par François Ier pour recommander le cidre à leurs clients, non seulement comme boisson hygiénique, mais même comme médicament. On sait que le *Sommaire de toute médecine et chirurgie,* de Jean Gouevrot, médecin du roi François Ier et de Marguerite d'Angoulème, sa sœur, duchesse d'Alençon, imprimé, dit-on, à Alençon en 1530, par Simon Dubois, est suivi d'*Ung régime singulier contre la peste*, par maître Nicolas de Houssemaine, médecin de l'Université d'Angers (1).

L'auteur y préconise, comme préservatif contre la peste, l'usage de l'eau bouillie, mêlée avec du jus de grenades ou oranges, limons, citrons, « jus de pommes aigres, cassis, ou son frère le beau pommé de Normandie, faict de pommes aigrettes, bien trempé, pour empescher que la fumée d'icelluy ne monte au nombril » (2).

Le sire de Gouberville nous fait connaître qu'autour de lui on était dans l'usage d'employer le cidre vieux et le cidre nouveau comme remède dans certains cas déterminés, dans la pleurésie, pour les femmes en travail d'enfant, pour la fièvre et pour les blessures (3).

Gargantua étant arrivé avec toute sa suite à la cour du roi Artus, plia en deux et mit dans sa gibecière le géant de douze coudées de haut qui était pour soutenir la partie des Gos et Magos. Le roi Artus lui fit grand chère et le voulait retenir avec lui. Gargantua le remercia et lui dit qu'il voulait retourner dans son pays, dont il était né et que son père et sa mère étaient morts. Le roi Artus bien affligé, lui offrit de le faire accompagner par cinq cents mille nobles d'Angleterre. Gargantua refusa cette escorte, disant qu'il avait peur de leur queue. La queue des Anglais était, on le sait, un thème de plaisanterie particulièrement cher aux Normands.

Donc Gargantua prit son chemin par la Normandie « et s'en alla droit en Auge, pour cause qu'il avoit ouy parler des citres du pays, et vint à Sainte-Barbe-en-Auge où il beut la valeur de mille cinq cens ponsons de citre, car il les trouva bien doulx. Mais il s'en repentit bien après, car le citre le commença à

(1) Odolant Desnos, *Mém. hist. sur Alençon*, t. II, p. 512. — Mme Gérasime Despierres, *Établissements d'imprimeries à Alençon, de 1325 à 1575*, Paris, E. Leroux, 1894, p. 15.

(2) Il s'agit ici d'une espèce de cidre analogue à celui que l'on savait tirer, au XVIe siècle, de la *Pomme-Poire* et qui, selon Cahaignes, était « clair, subtil et apéritif comme vin blanc, sans toutefois offenser le cerveau par ses vapeurs, sans trop échauffer le foye, encore qu'on le boyve sans eau : autant diffèrent des aultres bons sidres plus grossiers que tous les plus petits vins françois et le plus petit vin d'Ai d'avec celui d'Orléans. Il est fort salutaire pour tout homme de lettres et d'Estat et qui vit en repos, principalement pour ceux qui sont de complexion chaulde, sèche et cholérique, et peut estre permis aux fébricitans, en le trempant de moitié eau, ou pour le moins du tiers.

(3) *Journal* de Gouberville, années 1555 et 1562.

brouiller et bouillir par le ventre, en sorte et manière qu'il ne sçavoit qu'il debvoit faire, sinon se pourmener en se frottant le ventre. »

Et quant il fut à Bayeulx, il fut force qu'il se destachast ses chausses à la martingale : et déclicqua en sorte et manière qu'il couvrit toute la ville de citre qu'il avoit beu, en telle manière que les rues ne sont pas encore bien nettes, et pour ceste cause, on les appelle les *Foyreulx de Bayeulx.*

Quant Gargantua eut faict ceste purge, s'en alla droict à Rouen, auquel il beut bien cinquante cacques de bière ; et por cause que la bière estoit en grant quantité, dedans son ventre, elle commença à faire une operation ny plus ny moins que avoit faict le cistre : parquoy son povre petit ventre estoit bien malade, et fut contrainct Gargantua de destacher la martingalle de ses chausses, et déclicqua son povre broudier en telle menière et si merveilleuse impétuosité qu'il fist une petite rivière, laquelle on appelle encores de présent Robec, et y voit-on encore de *merdya culis.*

Toutesfois, Gargantua leur fict ung grant service, car à cause qu'il avoit tant beu de cistre et de bière, la rivière estoit bonne pour faire de bière, et y a l'on faict bonne bière, espesse et moussante, et à cause de la source de l'eau de ce brondier (1).

Au conte de Rabelais, les Normands purent répondre avec Jean Le Houx :

> De nous se rit le François,
> Mais, vraymént, quoy qu'il en die,
> Le sidre de Normandie
> Vault bien son vin quelquefois (2).

Tel était du moins l'avis du sire de Gouberville, qui lorsqu'il se trouvait avoir une pipe de cidre de qualité remarquable, ne manquait pas d'en envoyer quelques flacons à ses amis. Ceux-ci lui rendaient la pareille, et même ne se gênaient pas pour en envoyer quérir chez lui, lorsqu'ils savaient qu'il en avait de bon. Ces échanges dénotent une simplicité de mœurs et une cordialité que nous ne connaissons malheureusement plus guère. Il en résultait même une utile émulation entre les riches propriétaires qui rivalisaient entre eux à qui aurait le meilleur cidre.

Nous avons vu que, dès 1530, les médecins préconisaient hautement l'usage de cette boisson. Mais il est un ouvrage qui contribua surtout à la mettre en crédit auprès d'eux, c'est celui d'un

---

(1) Pour les annotations dont ce conte est susceptible, voir *Gargantua en Normandie*, par Louis Duval, Alençon, Marchand-Sailiant, 1880, in-8°.

(2) *Chansons du Vau-de-Vire*, éd. A. Gasté, 1875.

auteur, célèbre entre tous ceux qui ont écrit sur le cidre et que
nous avons déjà cité, Julien de Paulmier, gentilhomme normand,
médecin de Charles IX et du duc d'Anjou et d'Alençon, qui
accompagna ce dernier dans les Pays-Bas et qui fut plus tard attaché au maréchal de Matignon, gouverneur de Normandie.

Son traité *De Vino et Pomaceo* fut publié à Paris, chez Auvray,
en 1588, et l'année suivante Jacques de Cahaignes, professeur
royal de médecine et recteur de l'Université de Caen, en donna
une édition française, dans laquelle il fait connaître les motifs personnels qui avaient déterminé Julien de Paulmier à entreprendre
cette campagne en faveur du cidre considéré comme boisson
hygiénique :

> Durant la première guerre civile, Julien de Paulmier se sentant
> menacé de phthisie, à cause d'une vieille défluxion qui luy tomboit du
> cerveau sur le poulmon, print le loisir de revoir la Normandie, dont il
> estoit natif, espérant que l'air marin, plus grossier que celuy de la
> France, lui pourroit apporter quelque changement en sa maladie. Or,
> estant de séjour, et voyant ceux qui usoyent du sidre estre pour la
> plupart bien nourris et en bonpoinct, il pensa qu'il luy pourroit aussi
> beaucoup aider, en modérant la chaleur de son foye, et réprimant les
> vapeurs du sang qui luy sembloyent fournir de nourriture à sa fluxion
> et estre la première cause et vraye source de tout son mal. En quoy il
> ne fut déçu de son opinion, car il n'eut pas plus tost changé le vin en
> sidre, médiocrement trempé d'eau, et délaissé toutes choses desiccative
> qu'il apperçeut la défluxion se diminuer peu à peu, et tout le corps
> reprendre sa nourriture et son premier embonpoinct.

Mais Jacques Cahaignes ne s'est pas contenté de traduire l'ouvrage de Paulmier, il y a joint son propre commentaire et ses
remarques, qui en augmentent singulièrement le prix :

> J'ay pensé devoir ce service à mon pays de tesmoigner ce que l'ex-
> périence m'a appris sur l'usage du pommé, que nous appelons sidre, qui
> est un breuvage de tout temps usité en Normandie et en Biscaye, tant pour
> refuter le mauvais jugement que plusieurs en font, et ceux entr'autres
> qui aiment le vin plus pour le plaisir que pour la nécessité, que pour
> monstrer aussi aux François et à tous autres qui l'ont ignoré jusqu'ici,
> combien l'usage en est bon et salutaire. Joint que je portois, il y a long-
> temps, assez impatiemment que l'honneur et la commodité de ce breuvage
> demeuroit si longtemps à couvert, veu que Hippocrate avoit bien pris la
> peine d'escrire exprès en la louange de l'orge, et Caton de faire un dis-
> cours à part en faveur du chou et des divers biens qu'il apporte. Et
> pourtant, afin que le sidre vienne en crédit, et puisse servir aux sains
> et aux malades, auxquels il sera plus propre et plus naturel, au lieu de
> vin ou de bière, j'ai bien voulu ajouster au *Discours du vin*, un autre
> du sidre, du poiré et de la bière, et donne l'un et l'autre au public.

Cette traduction est précédée de strophes en l'honneur du cidre, par Pierre Gondouin :

> Je voy nostre peuple normand,
> Qui çà et là friandement,
> Une estrange boisson mandie,
> Sans encore avoir bien gousté
> Le nectar à lui dégoutté
> Dans sa fertile Normandie.   •

> Qu'on t'escoute, docte Paulmier,
> Toy qui nous chantes le premier,
> Les précieux fruits qu'elle donne ;
> Qu'on lise dedans tes escrits,
> Lequel doit emporter le prix.
> Ou de Bacchus ou de Pomone.

> Qu'on voye comme sagement
> Tu poisses le tempéramment
> De ta liqueur jaune-dorée,
> Contre le corosif du vin
> Dont le Silénien mutin
> Enyvre sa troupe altérée.

> Ainsi Paulmier, docte sonneur
> Qui premier as chanté l'honneur
> De la riche forest pommeuse,
> Tu seras en elle honoré,
> Et, comme un Neptune, adoré
> Dedans ta jaune mer sidreuse.

Pour un homme qui n'en faisait pas son métier, ces strophes ne sont pas si mal tournées. Elles consacrent, en tous cas, le triomphe du cidre et, à ce titre, elles ont place dans son histoire.

Le cidre, suivant Paulmier, n'est pas sulement une boisson excellente, supérieure même au vin et à la bière, et se digérant mieux, mais de plus on tire du jus de pommes un cordial et un élixir de premier ordre :

Il resjouit, dit-il, et est cause de liesse, par le moyen d'une vapeur tempérée et familière à la nature, laquelle se respand promptement par tous les membres, voire s'insinue jusqu'aux veines et artères et ès ventricules du cœur, réprimant, dissipant et corrigeant toute vapeur ou fumée mélancholique. C'est pourquoy nos ancestres ayant remarqué ceste vertu et faculté (1) ès pommes odoriférantes et en leur jus, nous

_____

(1) L'Ecole de Salernes, à vrai dire, porte un jugement équivoque sur les propriétés médicales des pommes. Elle déclare d'abord qu'en général elles nuisent aux nerfs, surtout celles qui ne sont pas entièrement mûres. De plus, o lles engendreraient la pierre ou des calculs chez ceux qui en mangeraient à

6

en ont composé un syrop pour les mélancholiques, que les apothicaires dispensent par toute la France et gardent en leurs boutiques. Outre ce témoignage de l'antiquité, nous avons expérimenté en la curation d'une infinité de mélancholiques, hypochondriaques, et en moy mesme quelle est l'efficace du sidre à la correction de l'humeur mélancholique, fait par adustion de cholère et de tous ses accidents. Car ayant esté fort travaillé, trois ans entiers, d'une palpitation de cœur et d'autres accidents familiers aux mélancholiques, hypochondriaques, après avoir observé régime exquis, corrigé par tous moyens possibles et purgé souvent l'humeur mélancholique bruslée, je ne me suis du tout remis en mon naturel, jusques à ce que m'estant retiré en Normandie, pour la fureur des guerres civiles, j'aye commué l'usage du vin en sidre, lequel m'a tellement et en peu de temps restabli en ma première santé, qu'il ne me reste aucun vestige de la précédente maladie, laquelle néantmoins plusieurs estimoyent incurable.

Le sidre est excellent remède de toute syncope ou faiblesse excitée de grande évacuation, pour les esprits dissipez qu'il repare incontinent. Il provoque aussi le sommeil et rend le dormir doux, par la bénignité de sa vapeur, voire beaucoup plus que le vin françois. Il y a d'avantage qu'il tient ordinairement le ventre plus mol que le vin, parce qu'il humecte.

Il faict abondance de lait aux nourrices, voire corrige le vice de leur sang, si elles avoyent esté nourries de vin ou de bière auparavant ; tellement que les princes et grands seigneurs devroient estre bien curieux d'en faire user aux nourrices de leurs enfants, pour les exempter de tant d'inconvénients que l'usage du vin leur attire.

Quel était ce « Syrop pour les mélancholiques », si fort vanté par Julien de Paulmier, et que les apothicaires gardaient si précieusement dans leurs boutiques, pour le dispenser par toute la France ?

Il faut le demander à un Normand, non moins célèbre que Paulmier, Jean de Renou, né à Coutances en 1568, médecin du roi, « la perle des pharmacographes de l'Europe, l'unique démon de son païs de Normandie en sa profession et le lustre de ses compaignons à Paris (1) », lequel dans son *Dispensatorium*

satiété. Or nous devons faire remarquer que la médecine actuelle est justement d'un avis diamétralement opposé. Le docteur Denis-Dumont, en effet, a constaté que les buveurs de cidre sont moins sujets à la pierre que les buveurs de vin. — D'autre part, l'Ecole de Salernes admet que les pommes constituent un bon cordial : *Utilia sunt ad animi deliquia et cordis debilitatem. (De conservanda bonâ valetudine, liber scholæ Salernitanæ, Parisiis Martinus Juvenis*, 1555, p. 40.)

(1) T. Fr. de la Rivière, *Eloge des Normands*, 1737. — Guiot, *Le Moreri des Normands*, — Servin, *Hist. de Rouen*, 1775.
Le portrait de Renou a été gravé par L. Gaultier, en 1600 ; par G. Harel en 1637.

medicum, dédié, en 1608, à André du Laurens, premier médecin de Henri IV, nous. a conservé la formule du sirop de pommes simple et du sirop royal de Sabor :

> Les pommes, dit-il, sont du tout nécessaires aux apothicaires, qui se doivent ordinairement servir de leur suc pour la composition du Syrop de Sabor et pour la confection d'Atkermès.

Qaunt au sirop royal de Sabor (*syrupus regis Saboris*), il indique que c'était une composition dans laquelle entraient plusieurs espèces de sucs aromatiques et qui tirait son nom d'un certain roi des Mèdes qui s'appelait ainsi et pour la santé duquel il fut inventé.

La formule du sirop de pommes simple (1) nous est donnée par le même auteur, au livre Ier de sa *Boutique pharmaceutique ou antidotaire*. Ch. XXIX.

> Quelques pharmaciens choisissent le suc de pommes odoriférantes pour la confection de ce syrop, d'autres ayment mieux se servir de celuy des *Cour-Pendus*, à l'opinion desquels ie me tiens entièrement, quoy qu'en escrive Rondelet (1) au contraire, estimant (assez légèrement) que le suc desdits *Cour-Pendus* est beaucoup moins efficacieux que celuy des pommes odoriférantes, à cause (dit-il) qu'ils ont la chair trop dure. D'autres font aussi fort grand estat de celuy qui se tire, ou des pommes qui s'appellent *Passe-Pomme*, ou des autres nommées *Pommes-de-Paradis*, ou bien de *Renettes*.
>
> Or on doit choisir des pommes non seulement odorantes, et qui recréent le cœur par leur aqréable douceur ; mais aussi de celles qui sont en quelque façon aigrelettes, et lesquelles on mange avec contentement, tant à cause de leur goust agréable, que parce qu'elles resiouyssent les parties voysines du cœur, chassent toute pourriture, adoucissent et attrempent l'humeur mélancolique.
>
> Voylà pourquoy il ne se faut pas estonner, si on fait si grand cas de ce syrop de pommes, pour attenuer et diminuer l'humeur mélancholique qui prédomine dans le corps, pour provoquer la sueur, pour la guérison des palpitations, tremblemens et foiblesses de cœur, voire mesmes (si nous croyons ce qu'en escrit Mesué) (2) pour les syncopes et les lypothymies. Combien donc est salutaire l'usage du pomé de Normandie par dessus le vin d'Orléans ou de Cante-Perdrix !

Jean de Renou, au livre Ier de son *Discours très docte de la matière médicinale*, traduit comme les précédents par Louys de Serres, docteur en médecine et agrégé à Lyon, s'est étendu avec plus de complaisance encore sur les pommes de Normandie et sur le *Pommé* :

(1) Rondelet (Guillaume), naturaliste et médecin, né à Montpellier en 1507 mort en 1566.

(2) Jean fils de Mesué, dit aussi Abou-Zacharia, auteur de l'*Electuaire de Mesué*.

Jaçoit qu'il croisse quasi par tout, à force, pomiers fertiles, ce néanmoins je crois que ceux qui croissent en Normandie sont non seulement plus féconds que les autres, mais mesmes produisent des pommes beaucoup plus belles, plus excellentes, plus agréables au goust et plus propres pour faire une certaine boisson fort salutaire qu'ils appellent Pomé, auquel on trouve quasi autant de sortes que du vin mesme. Toutesfois il est certain que celuy qui se fait de pommes appelées *Coccines* (écarlates) est le plus excellent de tous, et ne cède quasi rien au meilleur vin, soit en bonté, soit mesme en son agréable liqueur et excellence.

A cet éloge motivé des pommes de Normandie et de leur jus, Louis de Serres, le traducteur de Jean de Renou, a cru devoir ajouter de son cru (uelques mots à la gloire des pommes de sa province du Dauphiné :

Comme il est permis au sieur de Renou de venter son pays de Normandie en matière de pommes et de poires, aussi je puis, à meilleures enseignes, faire estat de la fertilité de nostre Dauphiné et publier partout la bonté, excellence et quantité des fruits qu'il produict, et sur tout au terroir de la ville de Nyons, nostre patrie, qui est un autre jardin d'Alcinoûs ou des Hespérides.

Gabriel Droyn, dans un opuscule rarissime, qui a eu les honneurs d'un commentaire de Ch. Nodier (1), a consacré une notice spéciale au *Royal syrop de pommes, antidote des passions mélancholiques*. Paris, Jehan Moreau 1615, in-8°. Suivant Ch. Nodier « il est fort douteux que ce livre contienne des secrets de médecine, et bien osé qui entreprendroit de vérifier au juste ce qu'il contient. C'est un mélange confus et inextricable de thérapeutique et de morale, qui mettroit en défaut, Œdipe et Champollion. Au reste, si l'auteur n'a pas trouvé d'antidote contre les passions mélancoliques, son livre en contient un infaillible contre l'insomnie. » La biographie Hœfer, dans l'article signé : G. R. qu'elle consacre à Gabriel Droyn, nous fait connaître que le *Royal syrop de pommes* semble avoir fourni à l'auteur, à propos d'un remède imaginaire, un prétexte ingénieusement trouvé pour décharger sa bile sur les « horoscopeurs, songe-creux, les philosophes métalliques, les composeurs, les scientifiques. »

Le dernier mot sur la supériorité, attribuée au cidre et au poiré par certains médecins du XVIe siècle, paraît avoir été dit par Charles Estienne et par Jean Liébaut son gendre. Nous ne savons,

(1) Description raisonnée d'une jolie collection de livres (Nouveaux Mélanges d'une petite bibliothèque), Paris, J. Techener, 1844, in-8°.

en effet, auquel des deux rapporter le traité *De victu salubri*, cité par ce dernier, dans sa traduction du *Prædium rusticum*, publiée, avec de nombreuses additions sous le titre de *Maison rustique*, lequel ne se trouve pas dans le recueil de leurs œuvres. Le résumé donné par Jean Liébaut n'en a que plus de prix.

Le Poiré, dit Jean Liébaut, est plus sain et profitable à l'estomach et au corps que le pommé. Car oultre la vertu astringeante et roborante de l'estomach qui est en lui, encore faut-il remarquer au Poiré une vertu occulte et inexplicable qu'il a de dompter toute poison et principalement le venin, engendré dedans l'estomach, des champignons mangez, laquelle, à la vérité, lui est naturelle et délaissée des poires dont il est exprimé.

Bien est vrai que le Pommé humecte davantage que le Poiré ; mais en récompense, le Poiré rafraischit plus et en rafraischissant conforte, excepté qu'il donne plus souvent des tranchées et colliques.

Reste à examiner quelle espèce de breuvage sont le Poiré et le Pommé et s'il y a quelque excellence en eux qui les puisse parangonner au vin, ainsi qu'un médecin de notre temps (1) les veut non seulement parangonner, mais préférer en tout au vin, plus possible affectionné envers sa patrie ou transporté d'un jugement plein de paradoxe que bien animé envers la vérité des choses. Nous t'avons réservé cette dispute en notre livre latin de *Victu salubri* (2).

VI

Le Cidre en Normandie au XVIIe et au XVIIIe Siècle

Sous Henri IV et sous Louis XIII le cidre continua de proche en proche à gagner du terrain.

Mais parmi les autorités dont le cidre peut s'autoriser, il n'en est pas de plus imposante et de plus inattendue assurément que celle du même de la méthode expérimentale, l'auteur immortel du *Novum organum*, François Bacon.

Au cours de ses observations et de ses recherches, le chancelier Bacon avait été appelé à remarquer les propriétés hygiéniques du cidre ; il faisait le plus grand cas de cette boisson, et à l'appui

(1) Il s'agit évidemment ici de Julien de Paulmier et de son traité de *Vino et Pomaceo*, publié en 1588.

(2) La *Maison rustique*, livre III, p. 405.

de son opinion, dans l'un de ses ouvrages sur les sciences, il cite l'exemple de huit vieillards qu'il avait personnellement connus et dont les uns étaient parvenus à l'âge de près de cent ans et les autres à cent ans et plus.

Ces vieillards, dit-il, n'avoient bû toute leur vie que du cidre, et il avoient conservé, à leur âge, une si grande vigueur qu'il dansoient et sautoient aussi bien que des jeunes gens (1).

A côté de celle du chancelier Bacon, l'autorité de maître Phillebert Guybert, écuyer docteur régent en la faculté de Paris, ami de Gui Patin, est assurément d'un bien faible poids, cependant je dois noter que, dans son *Traité de la Conservation de Santé*, publié à la fin du règne de Louis XIII, après avoir signalé quelques mauvais effets du vin, il s'est rangé parmi les apologistes du cidre :

Les sages princes qui ont voulu empescher les fréquentes révoltes et mutineries de leurs peuples, ont fait aracher les vigues et défendu l'usage du vin, reconnoissant qu'il étoit la principale cause de leurs felonnie et rebellion... Si le Roi Charles IX eût plus longtemps vécu, il eust ôté les vignes à ceux de la Rochelle, espérant par là de leur ôter l'allumette de leur désobéyssance en leur rabettant le courage et les attendrissant à sumission.

Quant au cidre, il déclare que quand il est fait avec de bonnes pommes, bien mûres et en saison, « il est chaud comme du vin et énivre aussi, quand on en boit trop, si on ne le trempe comme le vin. Le poiré refroidit trop l'estomach, empesche la digestion et bouche les conduits que la pomme ouvre ». Ce dont il faut surtout savoir gré au docteur Guybert, c'est d'avoir relevé avec vigueur une allégation ridicule de certain auteur au sujet du cidre, qui aurait été bien faite pour en détourner les Parisiens si elle avait été fondée.

Je ne scaurois m'imaginer avec quelle raison un autheur a osé avancer que le cidre induise la *ladrerie* ou lèpre blanche, veu qu'aux régions où on boit amplement et copieusement du cidre, on n'y voit aucuns ladres, ou au moins fort peu ; mais au contraire qu'en Languedoc et en Provence, il y a grande quantité de *capots* et ladres blancs, où l'on ne parle point de cidre. Je ne vois point aussi comment on peut soustenir cette question, puisque l'expérience journalière la convaint de fausseté et de mensonge.

Nous avons tellement usé et abusé des citations et mis l'anthologie à la torture que nous osons à peine alléguer encore ici le

_____

(1) James, *Dictionnaire universel de Médecine*, etc. traduit de l'Anglais, par Diderot, Edous et Toussaint, 1748, t. v. col. 700.

témoignage d'un auteur, très compétent pourtant en la matière, et
évidemment rempli de son sujet, lorsqu'il écrivait les vers qu'on
va lire. Saint-Amand, le poëte des cabarets, qui dans son poëme
de la *Vigne*, publié en 1627, a chanté très haut tous les vignobles
de France, est revenu à résipiscence, dans un caprice adressé au
comte de Brionne et qui peut passer pour une amende honorable
faite au cidre de Normandie :

> Comte, puisqu'en la Normandie
> Pomone fait honte à Bacchus.
> . . . .
> Chantons, à la table où nous sommes,
> Que le jus délicat des pommes
> Surpasse le jus des raisins.
>
> Je ne puis me lasser d'en boire,
> Ma soif renaist en s'y noyant ;
> Du muscat je pers la mémoire
> Et mon œil est comblé de gloire
> De le voir ainsi flamboyant.
> Qu'il est frais, qu'il est délectable !
> Pour moy, je tiens pour véritable,
> Lorsque j'en trinque une santé,
> Que le seul cidre est l'or potable,
> Que l'alchymie a tant vanté.

La production du cidre avait fait de tels progrès sous
Louis XIII, qu'en 1631, Gabriel du Moulin, curé de Maneval, dans
son « Discours de la Normandie », placé en tête de son *Histoire
générale de Normandie*, décrivait ainsi le pays d'Auge :

Il y a si grande quantité de pommiers qu'un homme y fait quelques
fois deux ou trois cens tonneaux de sidres, si agréables au goust qu'ils
reparent aisément le défaut du vin, et transportez par les rivières de
Dives et de Touques au Havre de Grâce, à Honfleur et à Rouen, appor-
tent un très grand profit.

Gabriel du Moulin nous représente les campagnes de Caen, de
Falaise, de Trun, d'Argentan et de Sées, comme couvertes de
bois et de pommiers qui donnent des cidres en abondance.
« Toutefois, ajoute-t-il, aux campagnes de Caen et à Caen mesme
le bois et le sidre sont bien chers. » Suivant le curé de Maneval,
le cidre abonde également dans l'Avranchin, mais il estime que
le Bessin, le Cotentin, le Lieurrey et le pays d'Ouche sont encore
plus favorisés sous ce rapport, surtout au point de vue de la
qualité.

Nous allons donner un extrait de la description curieuse qu'il fait de ces différents pays, considérés au point de vue pomologique :

LE BESSIN. — « Le sidre y est si excellent, principalement les *Doux-Auvesque* et l'*Améléon*, que les plus délicats le préfèrent à beaucoup de vins.

LE COTENTIN. — « Les cidres y abondent et sont fort excellens, principalement l'*Escarlatin*, qui ressemble en couleur au vin paillé et l'égalle presque en bonté.

LE LIEUVIN. — « On y sème des pépins qui sont de grand profit... Tout ce pays est une plaine où les pommiers abondent, vers Pont-Audemer et Lieurrey, qui font un sidre deferqué (1), de couleur d'ambre et transparent et qu'on pourroit, les six premiers mois, préférer à beaucoup de vins françois.

LE PAYS D'OUCHE. — « Le peuple y travaille au labeur et aux toiles ; leur breuvage plus ordinaire est du poiré, qui semble beaucoup meilleur que celuy des autres cantons, car le poirier aime naturellement le pays pierreux, bas et humide. Il est bien vray qu'on y trouve aussi de fort bons sidres, mais on les vend bien cher à ceux d'Evreux et de la campagne du Neubourg.

Suivant le même auteur, les pays de Caux, de Bray, le Vexin et le Rommois semblent moins bien partagés :

LE PAYS DE CAUX. — « Le breuvage des Cauchois est le sidre, et en quelques lieux la bière.

LE BRAY. — « Les sidres y deviennent aigres l'esté.

LE VEXIN. — « C'est un bon pays, qui a des terres labourables à souhait, des vins et des sidres et des poires assez.

LE ROMMOIS. — « On y sème des pépins dont on eslève des bastardiers qu'on transporte en France et ailleurs... Les manoirs de ce canton sont pleins de fruitiers, mais d'autant que la plus part de leurs pommes sont sûres, les sidres y tiennent un peu de l'aigret. »

L'importance de la production du cidre en Normandie, à cette époque, est établie par les deux passages suivants qu'il faut citer *in extenso* :

La Normandie produit de toutes sortes d'arbres. Les cerises, abricots, pesches, prunes, noix, noisilles, chataignes, nefles, alizes et autres fruicts que la curiosité y a transplantez, abondent presque partout, et surtout les pommes et les poires, desquels on fait, par tout le pays, le poiré et le sidre, breuvages si excellens et profitables à la santé, que maintenant dans les plus grands festins des seigneurs

(1) DÉFERQUÉ, pour défecqué ou *déféqué*, du latin *Defæcetus*, qui signifie dépouillé de lie.

françois, et des Parisiens mêmes, on laisse le vin pour en boire ; aussi le poiré est grandement diurétique, et le sidre, pour une qualité naturelle, humecte davantage que le vin et empesche tant les opilations de la rate et du foye que l'obstruction des hypochondres.

On sème aussi, comme nous l'avons desjà dit, des pépins au Rommois et Lieuvin, en si grande quantité, qu'on les transporte après un an au pays de France et vers Orléans, où le sidre et le poiré seront, dans trente ans, aussi communs que par deçà, car le grand et long travail des vignerons, que la gelee et broüée d'un matin fait assez ordinairement boire avec les grenouilles et souspirer après la perte de leur temps, le peu de soin que nous employons à cultiver nos pommiers, leur fertilité assez ordinaire, et la délicatesse et bonté de nos sidres, font que maintenant les François nous envient ce bonheur et contentement et plantent leurs terres à la façon des nostres.

Des renseignements si précis et si complets que nous fournit le curé de Maneval, il résulte : 1° que la culture des pommiers était en pleine prospérité sous Louis XIII, en Normandie, et que la distinction et la classification des crus y était nettement établie ; 2° que dans les provinces voisines, on plantait déjà et l'on greffait, en quantité, des pommiers à cidre tirés de la Normandie. Cette extention donnée à la culture des arbres fruitiers avait été favorisée par une ordonnance de Louis XIII qui avait établi des impôts nouveaux sur les vins. Beaucoup de vignerons, découragés, s'étaient alors déterminés à arracher leurs vignobles pour essayer de les remplacer par des plants de pommiers. Les conseils politiques du docteur Guybert avaient peut-être été trop bien suivis.

Les Normands perdirent ainsi une bonne partie de leur clientèle de l'Ile-de-France et de l'Orléanais. D'autre part, les lois fiscales qui avaient atteint les vignes devaient aussi faire bientôt sentir leur effet sur la culture des pommiers elle-même. Sa guerre de Trente-Ans et les guerres successives engagées par Louis XIV imposèrent aux contribuables et surtout aux cultivateurs des charges écrasantes, et l'arrachement des vignobles qu'on vient de rappeler n'est pas autre chose qu'un des signes de la misère générale. Au lieu d'être encouragé, le progrès agricole se trouva ainsi atteint dans sa source. La Normandie eut probablement moins à souffrir que d'autres provinces, grâce à la variété de ses productions, mais les renseignements fournis par les intendants de ses trois généralités sur l'état des cultures n'en sont pas moins attristants.

Le commerce du cidre, de l'eau-de-vie fut d'une grande ressource pour la Normandie durant ces périodes calamiteuses.

7

Mais malheureusement cette ressource elle-même était incertaine et quelquefois le cidre manquait. La misère alors était à son comble. En 1730, par exemple, la Chambre de commerce de Rouen adresse au contrôleur général un mémoire dans lequel la disette de cette boisson est signalée comme devant être très préjudiciable aux manufactures de la province, parce que le cidre y fait « la partie la plus essentielle de la subsistance des ouvriers ». On alla même alors jusqu'à demander au contrôleur général d'autoriser l'importation de cidres venant de l'Angleterre.

L'intendant d'Alençon auquel ce mémoire fut communiqué répondit que sa généralité produisait par elle-même assez de boissons pour sa consommation et qu'elle en aidait, pour l'ordinaire, les provinces voisines :

> On demande dans le Mémoire que certains droits qui se lèvent sur les cidres et bières d'Angleterre et sur les vins étrangers soient supprimés aux entrées dans la province, et le prétexte est le soulagement des ouvriers employés aux manufactures, en leur faisant, dit-on, avoir les cidres et bières des pays étrangers à meilleur compte, pour suppléer au défaut de la récolte dernière.
> Je ne puis m'empêcher de vous représenter, Monsieur, que la proposition de faire venir des cidres d'Angleterre en Normandie me paroist étrange et que je ne puis concevoir qu'ils fussent à meilleur compte que le vieux qui se trouve encore icy et qui ne vaut, dans toute la généralité, que cinq sols le pot (1).

Ces renseignements sont complétés par une note jointe au dossier qui contient des indications intéressantes sur le prix du cidre à cette époque :

> Il ne s'est recueilli dans la généralité d'Alençon, en 1730, que très peu de cidre et de poiré, mais comme il y en avoit beaucoup de vieux, le prix commun du tonneau de vieux cidre, de 4 à 500 pots, mesure de Paris, est de 60 livres, et en détail le prix commun, tant à la ville qu'à la campagne, est de 5 sous, et il n'y a pas d'apparence qu'il aille plus haut prix.
> Il se trouve encore dans cette même généralité, des poirés dont le prix commun est de 3 sous le pot dans les cabarets.
> Il résulte de ce que dessus qu'il se recueille, pour l'ordinaire, dans ladite généralité plus de cidre et de poiré qu'il n'en faut pour la consommation de ses habitants.
> Dans les années abondantes, le prix commun des cidres en détail en cette généralité, dans les cabarets, est de 2 sous le pot. On le voit aujourd'hui augmenté des trois cinquièmes sans qu'on puisse dire que

(1) Archives de l'Orne, C. 1102. — Lettre du 17 décembre 1730.

les manufactures y soient tombées pour cela, parce que les ouvriers se contentent de leur nécessaire (1).

En 1741, M. de La Bourdonnaye, intendant de Rouen, écrit à M. de Fulvy que deux élections de sa généralité, celle de Neufchâtel et celle de Pont-l'Evêque exportent leurs cidres, mais que presque tout l'excédent de la production de Pont-l'Evêque est consommé par Rouen. « Reste donc Neufchâtel, d'où, dans des années de disette comme celle-ci, on tire des cidres pour la Picardie. Mais que deviendra cette malheureuse élection dans de pareilles années, si on l'empêche de les y vendre ? Elle n'a que cette ressource. Comme on a beaucoup planté en Picardie depuis vingt ans, cette province qui tirait régulièrement tous les ans une assez grande quantité de cidre de Neufchâtel, n'en tire plus du tout dans les années qui sont bonnes, parcequ'elle en a assez. » (2).

En 1768 (20 septembre), le duc d'Harcourt, gouverneur de Normandie, dans un mémoire adressé au ministre, fait une déclaration semblable au sujet du Bocage, qui formait la moitié de la généralité de Caen, mais nous apprend de plus que la misère avait encore augmenté :

Ls seule ressource est dans les pommes, dont l'abondance n'est pas égale partout. Les pauvres commencent déjà à en manger. Il est à craindre qu'ils n'en laissent pas faire paisiblement la récolte et que ce fruit ne leur devienne funeste par les maladies qui doivent en résulter et dont on est menacé d'ailleurs (3).

L'Etat de situation des Paroisses qui composent l'Election de Falaise, en 1767 ne nous montre pas ce pays sous un jour plus favorable. Il y avait trois parties dans cette élection : le Pays d'Auge, la Campagne et le Bocage.

PAYS-D'AUGE. — « Les terres labourables y sont en petite quantité, couvertes d'arbres à fruits, ce qui donne lieu à un petit commerce d'eau-de-vie de peu de conséquence, rapport aux droits considérables qui se perçoivent sur cette partie de commerce. »

CAMPAGNE. — « Peu d'arbres à fruits dans cette partie, ce qui feroit tort au froment et maigriroit les terres. »

BOCAGE. — « Terrain sec, sablonneux, pierreux, surtout en sable gris qui ne rapporte que seigle, sarrasin et avoine... Les bas-fonds de ce pays qui sont moins mauvais, ont des arbres à fruits. »

(1) Archives de l'Orne. C. 91.
(2) Ch. de Beaurepaire. *Notes et Documents concernant l'état des Campagnes de la Basse-Normandie*, p. 87.
(3) Hippeau. *Le Gouvernement de la Normandie au xviii⁰ siècle*, t. II, p. 141-143.

On ne peut pas dire que le gouvernement n'ait rien fait, à cette époque, pour encourager l'agriculture. Au premier rang de ces encouragements, il faut mentionner l'établissement des sociétés royales d'agriculture dans les différentes généralités. Ces sociétés, dont le rôle n'a pas été suffisamment apprécié, ont rendu de réels services en excitant l'émulation et en mettant l'agriculture en honneur.

Il faut savoir gré aux intendants du XVIIIᵉ siècle, à une époque où les causes qui influent sur la végétation étaient à peine connues des savants (1), des circulaires qu'ils rédigèrent pour engager les cultivateurs à prendre des mesures pour préserver les arbres des insectes qui attaquent les bourgeons, les fleurs et les fruits.

Au mois de février 1731, l'intendant de la généralité d'Alençon, Lallemant de Lévignen, rendit une ordonnance pour faire écheniller les arbres et les haies. Cette mesure eut pour conséquence de conserver une partie des arbres et des fruits (2). L'année suivante, les chenilles reparurent plus nombreuses encore. Le Parlement de Paris rendit, le 4 février 1732, un arrêt pour ordonner l'échenillage, et le contrôleur général des finances, de son côté, adressa aux intendants des provinces, le 5 février, des instructions pour prescrire la destruction de ces insectes. Les intendants rendirent, en conséquence, des ordonnances qui furent renouvelées les années suivantes. Voici, par exemple, l'ordonnance que M. de Lévignen rendit à ce sujet le 28 février 1743 :

« Sur ce qui nous a été représenté que les brouillards épais qui ont régné pendant le mois de janvier dernier ont couvert les arbres d'une quantité si prodigieuse de toiles d'*araignées* et de chenilles qu'il y a tout lieu d'appréhender que ces insectes, réchauffés au printemps par les rayons du soleil, sortant des toiles qui les renferment et se répandent sur les arbres fruitiers dont ils rongeront entièrement les boutons et les fleurs, que même leur venin se communiquant aux arbres peut les mettre en risque de périr, ce qu'il est d'autant plus important de prévenir, que la disette des cidres, arrivée les précédentes années, a été, en partie, causée par cet événement dangereux et qu'un pareil inconvénient achèveroit de ruiner totalement cette généralité s'il n'y étoit pourvu.

« Par ces considérations, et en vertu des ordres du Roy à nous adressés,

« Nous intendant susdit, ordonnons que dans huitaine, à compter du jour de la publication de la présente ordonnance, les propriétaires,

(1) La *Physique des Arbres*, par Duhamel du Monceau, parut en 1758.
(2) Archives de l'Orne. C. 1104.

laboureurs, fermiers ou faisant valoir seront tenus de nettoyer tous les arbres et hayes, généralement existant sur leurs terres et fermes, lesquels sont couverts de toiles d'*araqnées* et chenilles, à peine, contre les communautés qui négligeront d'y satisfaire d'être privées, au cas de disette de fruits, causée par ces insectes, du soulagement qu'ils pourroient demander, pour raison de cette disette, lors de l'imposition des tailles de l'année prochaine. »

En 1749, ce fut le tour des hannetons, à la suite d'une disette de cidre survenue l'année précédente. Le 6 mai 1749, le même intendant préoccupé, des ravages exercés par les insectes, rendit une ordonnance ainsi conçue :

« Sur ce qui nous a été représenté qu'il y auroit, dans les campagnes une si prodigieuse quantité de hannetons qui se répandent sur les arbres fruitiers, mangent et dévorent les boutons et les fleurs, ce qu'il est d'autant plus important de prévenir que la disette des cidres arrivée l'année dernière doit rendre attentif à remédier aux inconvénients qui pourroient causer une pareille perte cette année.

« A quoy étant nécessaire de pourvoir,
« Nous, intendant susdit, ordonnons que dans huitaine, à compter du jour de la publication de la présente ordonnance, les propriétaires, laboureurs, fermiers et autres seront tenus de nettoyer tous les arbres et hayes, généralement existants sur leurs terres et fermes, lesquels seront couverts de hannetons, qu'ils seront obligés de détruire, etc. » (1).

L'intendant de Caen fit plus : en sa qualité de vice-protecteur de l'Académie royale des belles-lettres de Caen, il institua des prix pour encourager la culture des pommiers et la fabrication du cidre. Le 7 juin 1759, M. de la Londe fit connaître que M. le baron de Fontette, vice-protecteur de l'Académie et intendant de la généralité de Caen, mettait au concours la question suivante :

S'il est plus nuisible qu'avantageux de planter en Normandie des pommiers destinés à produire du cidre dans une bonne terre propre au labour ?

Le prix consistait en une médaille d'or, de la valeur de 300 livres. Il fut décerné à M. Le Mesnier, bachelier en théologie et curé de Moon, près Saint-Lô.

La même année, le 6 décembre 1759, M. de Fontette annonça à l'Académie que le sujet du prix pour l'année suivante serait :

La meilleure manière de planter et de profiter de la récolte des pommiers ?

Le prix fut remporté par M. Desliez, professeur en médecine et agrégé de l'Université de Caen.

(1) Archives de l'Orne, c. 92.

La Société royale d'agriculture de la généralité d'Alençon, établie par arrêt du Conseil du mois de janvier 1761, ne fit pas preuve de moins de zèle pour l'encouragement de la culture des pommiers et de la production du cidre.

Dans la séance du 22 mars 1762, M. Loiseleur, curé d'Alençon, directeur de la Société, fit lecture d'un mémoire en forme de questions, qui fut accueilli favorablement par cette compagnie. Entrant dans les vues de son directeur, elle ordonne la publication de ce questionnaire qu'on trouvera plus loin. Les réponses devaient être adressées sous le couvert de l'intendant, M. Lallemant de Lévignen, à M. Odolant Desnos, secrétaire perpétuel de la Société, l'auteur des *Mémoires historiques sur Alençon*.

Il convient également de signaler l'influence des curés de campagne. Voici, par exemple, la note humoristique qu'un curé des environs d'Alençon a consignée dans les registres de sa paroisse en 1728. Il faut être indulgent pour la rime et savoir gré à l'auteur de l'intention :

> Si un chacun vouloit planter son territoire,
> Là où y a peu de pain y auroit plus à boire.
> Du moins que si l'on n'a pour manger que de l'orge,
> L'on ait assez de quoy bien arrouser la gorge (1).

Beaucoup de curés ne manquaient pas à ce devoir de bien planter leur « territoire ». Les cimetières même, en Normandie, avaient leurs plants de pommiers, ce qui a donné lieu à ce refrain bachique :

> On plante des pommiers ès bords
> Des cimetières, près des morts,
> Pour nous mettre en la mémoire
> Que ceux dont là gisent les corps
> Ont aymé comme nous à boire (2).

Les pommes de dîmes et celles recueillies dans les vergers appartenant à la cure étaient, dans certaines paroisses, un produit de première importance. En 1791, le curé du Château-d'Almenesches notait ceci :

Les fruits ont absolument manqué en 1790. Ce qui mérite encore une attention particulière, en 1789, j'ai fait 20 tonneaux

(1) Archives de la commune des Ventes de Bourse, canton du Mêle-sur-, Sarthe. *Rapport sur les Archives départementales et communales, 1893* Alençon, F. Guy, 1893.
(2) Pour empêcher les gamins d'y mordre, en allant au catéchisme, on avait soin de leur dire qu'il y avait des cheveux de morts dans ces pommes.

de cidre sans eau, sans parler de 4 tonneaux de poiré. En 1788, j'ai fait 15 tonneaux de cidre sans eau et 3 de poiré. »

Le curé des Authieux-du-Puits (canton du Merlerault), avait recueilli en 1790, 39 pipes de poires et 15 de pommes, estimés 57 livres (1).

Notons ici en passant qu'en 1775, le 16 octobre, à la mort de Mgr Néel de Christot, évêque de Sées, on trouva à sa maison de campagne de Fleuré, six tonneaux pleins de cidre pommé sans eau, un tonneau plein de cidre nouveau et 80 pots de poiré. (Renseignement communiqué par M. l'abbé Saffrey, curé de Sarcéaux).

L'importance de ces produits explique les contestations nombreuses auxquelles ils donnèrent lieu entre les propriétaires, les seigneurs, les curés et les fabriques. Ainsi, en 1658, M. de Gruchet-Soquence, conseiller à la cour, qui réclamait d'un de ses vassaux le droit de champart pour une ceinture de pommiers que celui-ci avait fait planter depuis quelque temps, fut débouté de cette prétention, attendu que cette ceinture ne diminuait pas la récolte, non pas même pour ce qui croissait sous les pommiers.

En 1666, le Parlement de Rouen décida que les pépinières ne devraient point la dîme au curé, lorsque les arbres n'étaient point transplantés hors de la paroisse, parce que plus tard celui-ci en aurait le profit.

L'édit de 1695 porte que les fruits des arbres des cimetières appartiennent à la fabrique à l'exclusion du curé. C'est ce qui fut confirmé par arrêt du Grand-Conseil en 1743, en faveur des marguillers et des paroissiens de Romain, canton de Fismes (Marne). Enfin, l'article 18 de l'arrêt du 21 mai 1763, portant règlement sur les cimetières, défendit d'y planter des arbres fruitiers ou autres. Mais un grand nombre de cimetières de campagne n'en continuèrent pas moins à être plantés d'arbres (2) et ils le sont encore.

---

(1) *Annuaire de l'Orne*, 1892. Partie historique, p. 111.

(2) La *Bibliothèque physico-économique* (année 1788, p. 130-132), contient à ce sujet une note curieuse de l'abbé M. S. D. du M., curé d'Aumeville, au diocèse de Coutances. Ce curé avait remarqué que l'année précédente, les cimetières plantés en pommiers avaient donné des fruits en abondance, tandis que les pommiers plantés dans les champs cultivés étaient demeurés stériles, les boutons en ayant été dévorés par les chenilles. Il attribuait cette différence aux gaz méphytiques qui se dégagent des cimetières et qui éloignent les papillons.

Les curés étaient donc intéressés à encourager la culture des pommiers, au même titre, du reste, que les autres cultures, parce qu'ils en percevaient la dîme. « Le véritable exercice d'un curé de campagne, dit Arthur Young, c'est l'agriculture, qui, demandant de la vigueur et de l'activité, fatigue assez pour donner au bien-être son meilleur assaisonnement (1). Sous ce rapport comme sous beaucoup d'autres, nos curés normands se montraient très supérieurs au clergé anglican (2). Plusieurs même prêchaient l'exemple et prenaient l'initiative des améliorations à introduire. Tel était ce curé de Moon qui, comme on l'a vu, obtint en 1759 le prix institué par l'intendant de Caen sur la question de l'opportunité de planter des pommiers sous les terres de labour. Tel était l'abbé Loiseleur, curé d'Alençon, qui, en 1763, décida la Société d'Agriculture d'Alençon à envoyer dans toutes les paroises un questionnaire sur la culture des pommiers et sur le brassage du cidre. On peut citer également l'abbé Coulombet, curé de Saint-Denis-sur-Sarthe, qui avait lui-même établi des prix dans sa paroisse, de concert avec le seigneur du Mesnil. Il n'est pas douteux que c'est par l'intermédiaire des curés de campagne qu'ont été introduits certains perfectionnements importants relatifs à la fabrication du cidre (3).

Si l'on s'en rapportait exclusivement à certains indices, il semblerait cependant que la culture des pommiers fît peu de progrès en Normannie au XVIII° siècle et surtout que la supériorité des cidres normands n'était plus généralement reconnue comme au temps du sire de Gouberville et du curé de Maneval. On lit en effet dans le *Dictionnaire universel du Commerce*, par Savary, publié de 1723 à 1730, ouvrage qui fait autorité, qu'à cette époque les cidres anglais étaient estimés des connaisseurs comme les meilleurs et que les cidres de Normandie ne venaient qu'après. Cette appréciation qui nous paraît étrange est reproduite avec

---

(1) *Voyages en France*, pendant les années 1787, 1788, 1789, t. II, p. 442.

(2) L'abbé F.-J. Gautier, curé de la Lande-de-Goult, dans son *Essai sur les Mœurs champêtres* (Londres, M.DCC.LXXXVII) nous dépeint un de ses confrères s'occupant de travaux champêtres « avec une force et une adresse qui ne sont point communes ; il laboure le jardin, creuse un fossé, coupe le bois, fait les fagots, fauche l'herbe, la fane.

(3) Peu d'années avant la Révolution, M. d'Angerville ayant découvert par hasard, dans une de ses fermes de Douville-en-Auge, un moyen nouveau de clarifier les cidres, s'empressa d'en faire part aux curés de son canton. Dans une note adressée à la *Bibliothèque physico-économique*, année 1790, p. 253, 255, il dit que plusieurs curés l'ont essayé et ont également réussi.

amplification, à l'article CIDRE, par le *Dictionnaire du Citoyen*, publié en 1761 :

L'Angleterre est sans contredit le pays de l'Europe et peut-être de l'univers où se fait le meilleur cidre. Les cidres anglais sont clairs, ambrés, agréables au goût et a l'odorat et piquants. Les cidres de Normandie viennent après. Parmi ces cidres, il y a un choix à faire comme parmi les vins de Bourgogne et de Champagne. Ceux qui passent pour les meilleurs sont ceux du pays d'Auge, du Bessin et des environs d'Isigny. Il y a des cidres qui se gardent quatre ans. Les cidres légers ne passent guère la première année.

Nous devons nous borner à enregistrer ce jugement, quelqu'injurieux qu'il soit pour la Normandie. Ce qui nous paraît plus étrange encore, c'est qu'on vit en 1730, année de disette de pommes, la Chambre de commerce de Rouen solliciter pour cette ville et pour celle de Caen l'autorisation de faire venir des cidres d'Angleterre, demande que le ministre dût repousser.

Il est à noter encore que le premier poème sur le cidre a paru en Angleterre en 1706, sous ce titre : *Pomone, or Cyder a poem in four books*, London, 1706, in-12. L'auteur, John Philips, s'y est exercé à faire passer sous le couvert d'un éloge du cidre quelques-unes des beautés des Georgiques dans son œuvre, mais sans négliger l'étude de la nature. Consacrer un poème en cinq livres à un pareil sujet est un tour de force qui dénote plus de facilité que de génie. Le *Cyder* n'en est pas moins un véritable succès en Angleterre. Il a eu quatre éditions, en 1706, 1728, 1744 et 1791. Il a été traduit en français en 1771, par l'abbé Yart, l'un des fondateurs de l'Académie de Rouen. John Philips, mort à trente-deux ans, reçut après sa mort les plus grands honneurs ; son corps fut inhumé à Westminster à côté du poète Chaucer, et lord Simon Harcourt, grand chancelier d'Angleterre, lui fit élever un superbe mausolée.

On cite également un petit poème italien, intitulé le *Cidre*, dont la traduction fut donnée en français dans le *Journal Etranger*, en 1757 (p. 232, 237).

Avec plus de concision et non moins d'élégance, le P. Vanière, au cinquième livre de son *Prædium rusticum*, publié en 1710, a su peindre nos plants de pommiers normands et résumer aussi bien qu'eût pu le faire un poète du cru, les conditions qu'ils doivent remplir pour donner d'excellent cidre. L'on ne sera peut-être pas fâché de trouver ici une traduction de ce morceau :

On doit choisir un terrain qui convienne aux plants de pommiers, car c'est là nature du sol plutôt que l'eau qui coule des ruisseaux qui

8

doit alimenter leur sève Cet arbre pousse même dans les terrains
montagneux et sabloneux, pourvu qu'il y trouve un peu d'humidité
pour étancher sa soif. Mais si dans les terres grasses les pommiers ne
produisent que des fruits dégénérés, qui ont perdu leur arôme piquant
et leur vertu, dans une terre trop sèche, les fruits tombent avant d'être
mûrs et sont attaqués par les vers. Les prés herbus conviennent aussi
aux plants de pommiers. Une fois attachés au sol natal, ils n'ont pas
besoin que le cultivateur s'occupe d'eux et se passent du secours de la
charrue ; leurs rameaux, au souffle du vent, laissent tomber douce-
ment sur l'herbe qui les protège dans leur chute les fruits dont ils
sont chargés.

Mais les agronomes français ont produit au XVIII⁰ siècle des
travaux qui ont eu une influence plus sérieuse sur la culture du
pommier et sur la production du cidre. En 1765, Louis de Chambray publia l'*Art de Cultiver les Pommiers et les Poiriers et de
faire les Cidres, selon l'usage de la Normandie*, Paris, Ganeau,
1765, in-12, de 66 pages. Cet ouvrage fut réimprimé en 1781, en
1783 et en 1803, avec des additions. L'introduction historique qui
précède le traité est établie sur les fausses données qui avaient
cours à cette époque. Suivant M. de Chambray, le cidre aurait
passé d'Afrique en Espagne et d'Espagne en Normandie depuis
trois siècles seulement. Mais les chapitres consacrés à la pépinière,
à la greffe, aux différentes pommes à cidre qu'il divise en trois
classes, suivant le temps de leur maturité, sur la façon des cidres,
etc., contiennent les conseils les plus judicieux.

Au nombre des ouvrages pomologiques les plus remarquables
de cette époque, il faut citer encore le *Traité des Arbres et
Arbustes*, par Duhamel de Monceau (1755), *La Physique des Arbres*,
du même (1758) et son *Traité complet des Arbres à Fruits*, 2 vol.
in-4⁰ ornés de près de 200 planches en taille douce, dessinées et
parées d'après nature.

Les plantations de pommiers au XVIII¹ siècle, furent particulièrement encouragées par l'arrêt du Conseil d'Etat du 3 mai
1720. Les articles VI et VII de cet arrêt portent :

VI — Tous les propriétaires d'héritages tenant et aboutissant aux
grands chemins et branches d'iceux seront tenus de les planter d'ormes,
hestres, châtaigniers, arbres fruitiers et autres arbres, suivant la
nature du terrain, à la distance de 30 pieds l'un de l'autre et à une
toise au moins du bord extérieur des fossées desdits grands chemins et
de les armer d'épines, et ce depuis le mois de novembre prochain
jusqu'au mois de mai inclusivement ; et où aucuns desdits arbres
périraient, ils seront tenus d'en replanter d'autres dans l'année.

VII. — Faute par lesdits propriétaires de planter lesdits arbres, pourront les seigneurs auxquels appartient la voyerie sur lesdits chemins, en planter à leurs frais dans l'étendue de leurs voyeries ; et en ce cas les arbres par eux plantez et les fruits d'iceux appartiendront auxdits seigneurs voyers.

En même temps des pépinières royales étaient établies dans les différentes provinces et généralités. Ces pépinières, placées sous la surveillance de l'ingénieur des ponts-et-chaussées de la généralité, devaient servir d'abord à fournir à l'administration le moyen d'exécuter et assurer les plantations, mais les particuliers pouvaient être autorisés à en tirer également des plants. Il fut rendu un autre arrêt du conseil pour l'administration de ces pépinières, du 1er octobre 1724, et une déclaration du roi, du 20 mai 1727.

Dans la généralité d'Alençon qui comprenait neuf élections, il fut dépensé en 1752, pour les pépinières royales, 5,187 livres 11 sous 6 deniers, dont 3,702 livres de l'imposition établie pour le loyer et l'entretien de ces pépinières, 1,185 livres 11 sous 6 deniers pour l'établissement d'une nouvelle pépinière à Damigni, près d'Alençon et 300 livres; produit de la vente des arbres de la pépinière de Domfront, supprimée pour être remplacée par celle de Damigni.

En 1752 ces pépinières étaient au nombre de neuf, à savoir :

Damigni,	élection d'Alençon.
Berthouville,	élection de Bernai.
Bazouges,	élection de Lisieux.
Sentilli,	élection d'Argentan.
Fossé-de-la-Ville	élection de Falaise.
Poisley,	élection de Verneuil.
Mauves,	élection de Mortagne.
Aunou-sur-Orne,	élection de Sées.
Frênes	élection de Conches.

Malheureusement, sur les neuf pépinières, quatre seulement étaient plantées d'arbres fruitiers :

Sentilli	17.754 pieds ;	3.500 arbres fruitiers
Falaise	27.900	260
Poisley	19.000	900
Frênes	20.083	2.329

Au total, sur 2,166,586 pieds, ces neuf pépinières royales de la généralité d'Alençon renfermaient seulement, en 1752, le nombre de 9,529 arbres fruitiers.

En 1705, cette situation s'était modifiée sensiblement, et dans la même généralité les pépinières dans lesquels on élevait des arbres fruitiers étaient au nombre de sept, à savoir :

Damigni,	28.800 pieds	3.000 pommiers 3.000 poiriers
Mauves,	37.799 pieds	7.000 pommiers
Poisley.	30.047 pieds	12.000 pommiers 8.000 poiriers
Frênes	21.312 pieds	16.000 pommiers et poiriers
Berthouville,	19.568 pieds	12.000 pommiers 4.000 poiriers
Bazouges,	30.000 pieds	8.000 pommiers 2.000 poiriers
Falaise	28.800 pieds	6.600 pommiers et poiriers

Total 71.600 pieds d'arbres fruitiers.

Malheureusement, on voulut bientôt faire des économies sur ce chapitre, suivant les instructions données en 1764 à MM. d'Ormesson Trudaine, et par M. de l'Averdy qui regardait ces établissements « comme superflus, et plus propres à éteindre le goût de la culture des arbres qu'à l'encourager, puisqu'ils ôtoient au cultivateur qui auroit voulu s'y adonner l'espoir de la concurrence et du débit. »

La même opinion fut exprimée par l'abbé Terray, en 1770 et en 1775 par Necker qui déclarait que « cette culture étoit une partie de l'économie rurale dont le gouvernement ne paraissoit pas devoir s'occuper plus particulièrement que des autres. »

Dans les comptes rendus de l'état des pépinières de la généralité d'Alençon en 1781, on ne voit plus figurer les arbres fruitiers. Une lettre du Directeur général des finances, Joly de Fleury, en date du 7 novembre 1781, nous fait connaître que les directeurs de ces pépinières s'étaient abandonnés dans le choix des espèces à leur goût particulier, qu'ils avaient souvent cherché à acclimater des arbres rares ou curieux, et à faire des expériences sur les plantations.

La réponse de l'intendant de la généralité d'Alençon, A.-J.-B. Jullien, contient des renseignements intéressants sur la culture des arbres fruitiers. Il commence d'abord par réfuter l'opinion émise par le Directeur général au sujet des pépinières royales et par faire remarquer leur utilité « tant pour l'embellissement des grands chemins, que pour la commodité des voyageurs et aussi pour multiplier les bois de construction. »

Je pense, Monsieur, que si on n'eût pas trouvé cette ressource, peu de chemins seraient plantés aujourd'hui d'une pépinière dont le produit se fait trop attendre pour qu'il se rencontrât beaucoup de gens qui s'en fassent un objet particulier de culture.

On en peut juger par le petit nombre de ceux qui s'adonnent à cultiver des arbres fruitiers dont tout le monde à besoin. Il est des provinces entières où il n'y a aucune pépinière de ce genre, et on se tromperoit fort si pour la plantation des chemins on comptoit trouver chez des particuliers les plants nécessaires. Il est quelques seigneurs ou propriétaires qui font, à la vérité, des élèves, mais ce n'est que pour leur usage particulier, et dans toute ma généralité, si on n'en excepte le pommier qui fournit la principale boisson des habitans, il ne se vend de plant d'aucun genre.

Bernardin de Saint-Pierre, dans le journal d'un voyage qu'il fit à la Trappe, au mois d'avril 1775, note qu'il passa par des chemins ombragés de pommiers. (1)

L'*Extrait d'un voyage agricole fait en Normandie*, par le marquis de Guerchy, lu le 21 février 1788 à la Société royale d'agriculture de Paris, fournit également des indications précieuses sur les plantations de pommiers qui bordaient les routes :

Cette province commence à Bonnières où finit le Vexin : c'est entre cette ville et Vernon que se fait le meilleur cidre de la province, aussi y voit-on une très grande quantité de pommiers non seulement sur les routes, mais même en quinconces, dans les terres labourées, auxquelles on prétend, dans le pays, que les arbres ne font aucun tort : mais si le revenu des pommiers est considérable, il est bien incertain, car voilà trois années de suite qu'il manque dans la Normandie, d'où il suit que le cidre qui valait, en 1785, 90 à 100 livres les sept cents pots, vaut aujourd'hui cent écus. (2)

L'Assemblée provinciale de la Basse-Normandie, en 1787, nous fait connaître l'importance de la production du cidre, en signalant les conséquences déplorables de la stérilité des pommiers depuis cinq ans. Dans un mémoire sur l'état de la province que le duc de Coigny, son président, fut chargé de remettre au roi, il est dit que la partie de la généralité de Caen connue sous le nom de Bocage (élections d'Avranches, de Mortain, de Vire et certains cantons) de celles de Coutances et de Saint-Lô « n'a pour seul objet de commerce en denrées que le produit des pommiers qui y sont en plus grand nombre que dans le reste de la province, étant ras-

(1) *Société géologique, agronomique et archéologique du Perche*, p. 30, article de M. le marquis de Chennevières.

(2) *Mémoires d'agriculture, d'économie rurale et domestique, publiés par la Société royale d'agriculture de Paris, 1788*, p. 64.

semblés autour des habitations en forme de vergers et le commerce des bestiaux.

La privation entière, depuis cinq ans, de la récolte des fruits, a influé essentiellement, non seulement sur l'existence physique du malheureux habitant qui n'y supportait qu'avec le secours du cidre la mauvaise nourriture à laquelle il est réduit, n'y vivant presque que de sarrazin, mais encore a enlevé du pays tout le numéraire pour en payer les vins et eaux-de-vie que nous avons été contraints de tirer de l'Anjou et de la Guyenne, chose inusitée jusqu'alors et qu'il nous était impossible d'acquitter autrement qu'en argent, n'ayant rien à donner en échange ; et le malheureux effet de la disette absolue des cidres s'y fera sentir d'autant plus longtemps que, par le défaut total de commerce qui, dans cette partie de la province, ne portoit principalement que sur une boisson qui ne pouvoit convenir qu'au canton et ne s'étendoit pas aux provinces étrangères, nous ne pouvons envisager un terme où nous puissions fixer le retour de notre entier numéraire, et privés de toute aisance, nous avons des droits effectifs à la bienfaisance de Sa Majesté.

On voit par un document officiel de la même époque que les procédés défectueux employés par nos cultivateurs pour la fabrication du cidre pouvaient même rendre pernicieux l'usage de cette boisson saine par excellence. C'est ce que nous atteste un rapport adréssé à l'intendant d'Alençon par le docteur Bouffey, médecin consultant de Monsieur, correspondant de la Société royale d'Agriculture d'Alençon, au sujet d'une grave épidémie qui éclata à Boucé, en 1778.

Le cidre ayant manqué cette année, les habitants avaient été réduits à boire de mauvaise eau de puits ou un cidre affaibli par l'eau qui avait perdu tout son principe antiseptique. De plus, ajoute ce praticien, « l'habitude où sont les habitans de la campagne de mêler des eaux malpropres et croupissantes avec le suc de leurs pommes et de leurs poires, dans les années où ces fruits sont rares, contribue encore à accélérer la fermentation de ces boissons et à leur faire perdre de bonne heure leur principe spiritueux. J'ai souvent trouvé dans du petit cidre bien fermenté un goût désagréable qu'on ne pouvait méconnaître pour celui de l'eau de mare qu'on y avait mêlée (1). »

Il ne faut pas oublier que le cidre de Boucé est un des plus renommés de la Normandie.

(1) Archives de l'Orne, c. 310.

VII

Le Cidre à Paris et à Versailles. — Impôts dont il était frappé

Nous avons vu, par les citations qui précèdent, que dès le xvi°
siècle, le cidre normand avait acquis droit de cité à Paris, grâce
surtout à la publication du docteur Julien de Paulmier, médecin
de Charles IX et de Henri III, qui plaçait cette boisson au-dessus
du vin au point de vue hygiénique. L'un de ses confrères, Guy
Petin, connu par sa causticité, ne lui épargna pas, à cette occasion, ses épigrammes. Il nous représente notre compatriote,
dans une de ses lettres, comme « un rusé Normand » qui faisait
venir de son pays des tonneaux de cidre qu'il vendait aux Parisiens comme remède contre un grand nombre de maladies après
y avoir ajouté quelques drogues.

Nous croyons que Guy Potin, avec sa malice ordinaire, a
calomnié le docteur de Paulmier en le représentant comme un
vulgaire charlatan. Le docteur de Paulmier était un véritable
savant qui nous a donné sur la pomologie les renseignements
les plus étendus et les plus précis et qui a contribué puissam-
ment à faire connaître aux Parisiens une boisson infiniment plus
hygiénique que le vin falsifié. Quant au sirop royal de Sapor,
fabriqué avec le jus de pommes et vendu comme de véritable
or potable par certains apothicaires, nous n'avons pas à nous en
occuper de nouveau. Il nous suffit de savoir que l'invention
mirifique de cette pañacéé, qui sans doute n'avait la qualité « d'or
potable » que pour celui qui la débitait, ne paraît pas avoir nui
à la propagation de l'usage du cidre à Paris au xvi° et au xvii°
siècle.

Nous en avons une preuve remarquable dans le relevé curieux
fait par M. le comte de Contades (1), d'une annonce insérée dans
une des feuilles les plus répandues dans la capitale au xvii°
siècle et dirigée par le fameux Colletet, dont Boileau a dit :

Colletet, crotté jusqu'à l'échine
Va chercher son dîner de cuisine en cuisine.

(1) *Bulletin mensuel de la Société scientifique Flammarion*, 1885, t. VI,
p. 70-72.

Cette feuille d'annonces était intitulée : *le Journal des Avis et des Affaires de Paris, contenant tout ce qui s'y passe tous les jours de plus considérable pour le bien public*, et l'annonce en question, dont voici le libellé, parut dans le numéro du 7 septembre 1676 :

Boisson normande

Du lundy, 7 septembre. — Tout le monde n'est pas né pour le vin ; les uns ayment la bière, les autres chérissent le cidre, comme un remède mesme salutaire pour le corps humain : ceux qui auront donc inclination pour ce dernier, on en sçait de bon au milieu de la ville, et qui vient des meilleurs endroits de Normandie, sans aller chercher si loin vers la porte Saint-Denis. On sçaura le lieu dans le Bureau d'adresse et le nom de la rue quand on en aura besoin.

Le Bureau d'Adresse, fondé par Théophraste Renaudot, rue du Grand-Coq, à l'endroit à peu près où s'élève aujourd'hui sa statue, avait été transporté par Colletet non loin de là, rue du Mûrier, proche Saint-Nicolas-du-Chardonnet. Mais, dit M. le comte de Contades : « Colletet s'était imposé la profitable règle de ne jamais donner, dans son journal, d'adresses au complet. Il fallait donc, avant de parvenir à la boutique dont l'annonce alléchait forcément, passer au bureau de la *Gazette*. »

Quoique les registres du Bureau d'adresse aient disparu et qu'on ignore par conséquent où était le lieu où se débitait ce cidre renommé, M. de Contades croit savoir qu'au delà de la porte de Saint-Denis, en poussant jusqu'à la Chapelle, les amateurs de cidre normand en trouvaient alors à coup sûr chez maître Le Faucheur, « cabaretier loyal en son commerce, aimant la joie et les libres propos, qui chaque jour vendait à boire à notre grand Mézeray. »

Voici le raisonnement de M. de Contades :

Mézeray se plaignait déjà d'attaques de gouttes, venues, disait-il, de la *fillette* et de la *feuillette*. Nous pensons qu'il allait tout bonnement demander à Le Faucheur un pot de cidre argentanais, doré et salutaire (1). »

Les amateurs de bon cidre, de plus en plus nombreux à Paris, ne tardèrent pas à trouver mieux. Ils réussirent à se passer de tout intermédiaire en brassant leur cidre eux-mêmes. Ils y trouvaient un double avantage, ils évitaient des droits onéreux et ils pouvaient avoir ainsi la certitude de produire une boisson absolument sans mélange. C'est afin de compenser la perte qui, de ce

_____
(1) V. Gustave Le Vavasseur, *Notice sur les trois Frères Eudes*, Paris, Dumoulin, 1855, in-8°, p. 53.

chef, pouvait résulter pour le fisc, de la fabrication directe du cidre par le consommateur parisien, que fut rendue par la Cour des Aides, l'ordonnance du mois de juin 1680. Cette ordonnance soumettait aux mêmes droits, à l'entrée dans Paris, les fruits servant à la fabrication du cidre que cette boisson elle-même, c'est-à-dire 13 sous 6 deniers par muid de gros et de petit cidre et moitié moins pour le poiré, y compris le parisis, le sou et les 6 deniers par livre. On évaluait la quantité de pommes nécessaire pour fabriquer le cidre en comptant trois muids de fruits pour un muid de boisson. Les fruits à couteau et en général les pommes introduites dans Paris depuis le mois de mars jusqu'au mois de septembre étaient exempts de ces droits.

Cette ordonnance, comme bien on pense, donna lieu à de nombreuses contestations, soit sur l'évaluation des fruits en cidre ou en poiré, soit sur la nature de ces mêmes fruits lorsqu'ils étaient déclarés fruits à couteau. Pour donner à la levée de cet impôt indirect une base plus équitable, l'arrêt du Conseil du 17 décembre 1726, revêtu de lettres patentes enregistrées le 31 janvier 1727, ordonna que les fruits n'acquitteraient plus de droits aux entrées de Paris et des faubourgs, et que ces droits seraient payés au brassage sur le gros et le petit cidre, sans distinction, et sur le poiré à mesure de l'entonnement, suivant la contenance effective des vaisseaux.

Ce règlement ordonna, en même temps, que ceux qui avaient des pressoirs et qui faisaient brasser du cidre, dans la ville de Paris ou dans ses faubourgs, seraient tenus de faire, avant le brassage, une déclaration et de souffrir la visite et la marque des commis aux Aides. Il défendait aussi d'enlever les cidres ou poirés fabriqués ou d'en disposer avant que les futailles n'eussent été démarquées, ainsi que d'en vendre en barils, contenant moins d'un quart de muid, à peine de confiscation des boissons et des pressoirs et ustensiles servant à leur fabrication et en outre de cent livres d'amende.

Un arrêt du Conseil du 23 mars 1745, revêtu de lettres patentes enregistrées le 6 juillet suivant, vint encore aggraver la condition des fabricants ou consommateurs de cidre à Paris. Ce règlement ordonna que, conformément à l'article 7 du titre des droits sur le cidre et le poiré de l'ordonnance de 1680, les droits de gros et augmentation seraient perçus sur la quantité de liquide trouvée aux inventaires faits par les commis et reconnue manquante au temps du récolement.

9

Le total des droits à acquitter pour un muid de cidre entrant dans Paris, tant par eau que par terre, s'élèverait à 9 livres 2 sols 4 deniers 4/5 ; pour le poiré à 6 livres 8 sols 1 denier 1/5. Dans ce total étaient compris les droits d'entrée, de gros et de détail réunis, fixés par les mêmes règlements que pour le vin. Ces droits appartenaient à la ferme générale. La ville avait des droits particuliers connus sous le nom de droit des inspecteurs, doublement, et de 2 sols pour livres, contrôleurs-jaugeurs et jaugeurs-mesureurs. A la communauté des officiers de police revenaient les droits de planchéieurs-metteurs à port, gardes de nuit, etc.

Nous ne pouvons entrer dans le détail infini de ces impôts indirects, de « ces droits réunis plusieurs ensemble », comme dit Paul-Louis Courier, que leurs formes multiples, compliquées, bizarres, vexatoires, ont contribué à rendre particulièrement odieux, mais on nous permettra de dire un mot du droit de *huitième* ou de *subvention* pour relever une erreur de Mézeray. Le vieux frondeur qui avait pris pour confident de ses dernières pensées le cabaretier de la Chapelle dont nous avons cité le nom au commencement de cet article, comme celui d'un des premiers est des plus loyaux débitants de cidre normand à Paris, n'a manqué aucune occasion de charger les maltotiers et les gabelous. Il prétend, dans sa grande *Histoire de France*, que ce droit doit son origine au mérovingien Chilpéric qui, en 579 ou 584, prétendit établir un impôt nouveau, consistant dans le prélèvement par les agents du fisc d'une amphore de vin revenant au septième ou au huitième d'un muid, sur chaque demi-arpent de vigne. Cet impôt, en tout cas, n'intéresse en rien les buveurs de cidre, puisque son exécution eût plutôt eu pour conséquence de favoriser la culture des pommiers au détriment de la vigne. De plus, il dut être retiré, à la suite d'une révolte qu'il avait provoquée dans la cité de Limoges. Il s'agit enfin ici non pas d'un impôt indirect, mais d'un impôt *réel*, perçu en nature et établi dans une proportion fixe sur le produit présumé des terres plantées en vignes.

Le droit de *subvention* ou de huitième, au contraire, se levait uniquement sur la vente des boissons au détail. Il fut établi par Charles VI, le 21 janvier 1382, pour *subvenir* aux frais de la guerre qu'il avait à soutenir contre nos anciens ennemis les Anglais. Il consistait dans le huitième du prix de vente des vins *et autres breuvages* débités au détail. Les désastres de la guerre de Cent ans obligèrent le roi à élever ce droit au quart. Louis XI, il est vrai, qui favorisait les petites gens, le ramena au taux primitif par ses

lettres patentes du 3 août 1465. Mais Louis XII, suivant sa déclaration du 16 août 1498, dût rétablir le droit de quatrième dans
certaines provinces. Ce qui est à noter dans l'établissement de
cet impôt, c'est que le roi y assujettit les nobles et tous les privilégiés, pour toutes les boissons vendues par eux. Une seule exception était faite, en faveur de la vente faite par eux aux portes de
leur habitation *à pot* et non *à assiette*.

Ces détails sur les mœurs et coutumes de nos pères et sur le
régime fiscal auquel ils étaient soumis ont sans doute leur prix,
mais demandent à être expliqués.

Il faut savoir qu'on appelait vente à pot le simple débit qui se
faisait des boissons, en pots et bouteilles, sans fournir tables
ni sièges. On désignait encore ce mode de débit sous les noms
de vente à *huis coupé* ou à *pot renversé*. Un *huis coupé* est une
porte composée de deux parties au-dessus l'une de l'autre. Le
débitant qui vendait à emporter n'ouvrait que la partie supérieure de son *huis*, par laquelle il servait les clients et recevait
leur argent. On disait aussi « vendre à pot renversé », parce que
le débitant, dans ce cas, vidait et renversait son pot plein de boisson dans le vase qui lui était tendu du dehors.

La *vente à assiette* se faisait chez les cabaretiers où l'on s'atta-
blait et qui fournissaient sièges, pain, viande et fromage.

Par lettres patentes du mois de septembre 1558, le huitième
fut fixé, par évaluation, à douze sols par muid de vin vendu à
assiette. Le cidre, quoique déjà compris dans les édits de création
du huitième, y fut spécialement assujetti par la déclaration du
12 mars 1645. Ces droits avaient, d'ailleurs, été réglés par les
arrêts de la cour des Aides de Paris des 4 juin 1613 et 12 juillet
1629, et par la déclaration du 19 juillet 1625.

Sous un pareil régime, la consommation d'une boisson, moins
forte assurément, mais pour le moins aussi hygiénique que le vin
ne pouvait prendre un développement en rapport avec l'importance et le prix de revient de la production. Aussi les Cahiers de
doléances de 1789 sont-ils unanimes à demander la réforme et la
simplification des impôts des Aides qui pesaient si lourdement
sur le peuple. Plusieurs même, entrent à ce sujet dans des
détails précis d'un véritable intérêt.

Versailles étant devenu, depuis 1674, le siège du gouvernement
et par conséquent le séjour d'une société privilégiée, se trouva
soumis au point de vue fiscal, à un régime particulier. Ce qui est
particulièrement à noter, c'est qu'on voit par les lettres patentes

du mois de juillet 1677 que la consommation de cidre y avait suivi la même progression qu'à Paris, puisqu'une halle y avait été établie, à l'instar de celle de Paris, pour le dépôt et la vente des cidres et poirés qui, à cette occasion, avaient à acquitter un droit dit *d'étape*, fixé à 5 sols par muid, sans préjudice des autres droits. Un édit de 1743 en établit de nouveaux pour Versailles, qui, joints aux anciens, frappaient les cidres et poirés d'une imposition de 40 sols par muids, soit pour l'entrée, soit pour le brassage. Il n'en fallait pas moins acquitter, dans cette ville, les droits de gros, augmentation, jauge, courtage et courtiers jaugeurs, perçus par anticipation, pour le compte de la régie, par les receveurs d'Arpajon, Choisy, le Perray, Poissy. le Pecq et la Queue, sur les boissons destinées à Versailles. Les Versaillais qui consommaient du cidre en détail avaient enfin à payer les droits de subvention et de huitième fixés, par l'arrêt du Conseil du 17 décembre 1686, à quatre livres par muid de cidre et poiré, sans distinction de vente *à pot* et *à assiette*, distinction qui amenait des contestations continuelles. L'annuel s'y percevait également comme dans tous les pays d'Aides.

Les habitants de Versailles, qui profitaient du séjour de la Cour, pouvaient se consoler de la multiplicité de ces droits en considérant que leur produit était spécialement affecté aux réparations des maisons particulières appartenant au Roi dans leur ville, aux dépenses que sa Majesté faisait dans ses parcs pour la commodité des chasses, au paiement des officiers, garde-chasses, suisses et autres gens de service employés en grand nombre aux châteaux de Versailles et de Marly.

Les débitants de cette ville étaient, en outre, soumis à des réglements rigoureux. L'arrêt du Conseil du 22 janvier 1692 défendait à tous marchands et autres, dans les trois lieues de Versailles, d'avoir de l'eau-de-vie en tonneaux, de quelque espèce qu'elle fût. La fraude était commune dans cette ville, et le transport des boissons en cachette, dans des cruches ou à *muche-pot*, y était fréquent. C'est pour y remédier que ce réglement avait été établi. On dut interdire également aux suisses et aux portiers des hôtels particuliers de vendre en détail.

Il fut même enjoint aux commissaires de police de Versailles de se transporter avec les commis dans les hôtels qui leur seraient signalés, sans en excepter ceux des princes et princesses, des seigneurs et dames de la cour et jusqu'au palais du Grand-Roi lui-même afin de dresser des procès-verbaux.

En cas de refus d'ouverture, ils étaient autorisés à faire requérir un serrurier et à entrer par force, avec application d'une amende de cinq cents livres aux concierges, portiers, suisses ou domestiques récalcitrants.

VIII

Le Cidre dans les différentes provinces de France

On a vu dans les chapitres précédents que la Normandie n'avait nullement, au moyen-âge, le monopole de la production du cidre, mais que cette boisson se fabriquait concurremment avec le vin, dans la plupart des provinces de France. Nous croyons utile d'entrer à ce sujet dans quelques détails.

LE MAINE. — Un archéologue fort distingué, M. l'abbé A. Angot, curé de Louverné (Mayenne), qui connaît à fond les annales de sa province, a publié dans la *Revue historique et archéologique du Maine* (1) un chapitre de l'histoire du cidre que nous pourrions lui emprunter en entier, à part la conclusion. Ce mémoire est intitulé : *Le Cidre, son Introduction dans le pays de Laval*. M. l'abbé Angot n'a pas trouvé de trace de la fabrication et de l'usage du cidre dans le Maine avant 1435. A cette date, dans les comptes de l'Aumônerie de Saint-Julien, on trouve la mention de l'achat d'une demi-pipe de cidre et d'une pipe de cormé, non pas pour la dépense de l'hôtel où l'on consommait encore cette année-là 31 pipes de vin, mais pour les varlets, chambrière et ouvriers. Cidre et cormé étaient estimés à la même valeur, 13 sols la busse, moins du tiers du prix du vin. Cette défaveur dura encore près d'un siècle dans le Bas-Maine.

La vigne, au contraire, était cultivée avec succès dans le Maine, à part évidemment l'arrondissement de Mayenne qui tient de la Normandie et de la Bretagne. Grégoire de Tours nous parle de la « vendange armée » que les Bretons venaient faire chaque année chez leurs voisins du pays de France. Orderic Vital raconte même que l'armée de Guillaume le Conquérant fut arrêtée pendant trois ans, en 1083, devant la place de Sainte-Suzanne, dont

(1 Orderic Vital, éd. Le Prévost, livre VII, t. III, p. 196.

les abords étaient presque inaccessibles, à cause des rochers et vignes épaisses qui l'entouraient, *densitate vinearum* (1).

Si vinca qui signifie non seulement vigne, mais aussi machine de guerre, mantelet, pouvait se traduire par chevaux de frise, « hérisson », obstacles destinés à arrêter l'assiégeant, on aurait une explication facile de l'échec que l'armée du Conquérant éprouva devant Sainte-Suzanne qui résista jusqu'au bout aux attaques des Normands et dont la garnison ne sortit enseignes déployées qu'après une composition toute à l'avantage de son chef, le vicomte Hubert. Mais il s'agit bien ici de vignes et non de mantelets, machines de guerre destinées à couvrir les attaques des assiégeants.

Pour bien entendre le récit dont il s'agit, il faut remarquer que Guillaume le Conquérant avait cru pouvoir prendre d'emblée la place de Sainte-Suzanne, mais que l'assaut qu'il dirigea en personne fut repoussé. Le Conquérant, rebuté par cet insuccès auquel il n'était pas accoutumé, repartit pour l'Angleterre, laissant son armée autour de la place dont l'investissement complet ne put jamais être opéré. Les vignes, comme on le voit, n'ont donc joué dans ce curieux fait de guerre qu'une importance secondaire.

Le vin de Laval n'avait pas pour cela meilleure réputation, témoin ce couplet des Vaux-de-Vire :

> De Colinou ne beuvez pas,
> Car il mène l'homme au trépas.
> Laval rompt la ceinture ;
> Ce sont bailleurs de tranchaisons,
> Ennemis de la nature.

La mauvaise qualité de leurs vins finit par décider les Bas-Manceaux à se mettre au pair de leurs voisins les Normands et à délaisser la culture improductive de la vigne pour celle des pommiers. M. l'abbé Angot nous fait connaître d'ailleurs les procédés défectueux dont usaient ses compatriotes du XVe siècle pour fabriquer leur cidre. Un simple tronc de chêne creusé en forme d'auge servait, aux Carres, à piler les pommes des cidres destinés à la consommation de l'Aumônerie de Saint-Julien, en 1466. Le même aménagement existait aux Bérardières, où sept sacs de pommes donnèrent dix-sept pipes de cidre en 1468.

(1) Tome XXV, année 1889, p. 209, 219.

Au xviiiᵉ siècle, dans le même pays, on se servait encore de ces grandes auges en bois pour piler les cidres.

Mais il nous faut poursuivre cette analyse de l'histoire du cidre dans le Bas-Maine. L'année 1487 fut mauvaise pour les vignerons manceaux et angevins. Les gens de la Chapelle-Anthenaise triomphèrent alors avec leurs cidres « qu'ils avaient gardez. »

Huit daniers on vendoit le pot
Boyre cidre, c'est pouvre escot.

Nouvelle disette de vins, en 1486, qui oblige les Manceaux à se contenter de cidre « breuvaige de maczons, » selon le dire amer du poète chroniqueur, Guillaume Le Doyen, tabellion à Laval :

Sitres fut a fouezon, mais c'est breuvaige pour maczons.

En effet, alors qu'ils payaient le vin de Saint-Denis à deux sous, « dont n'estoient saouls », ils avaient à volonté du *citre* à 6 deniers le pot aux Asnières.

Faute de mieux, pourtant, il fallut bien s'en contenter, et renoncer absolument à la culture de la vigne qui ne donnait plus que des vins de toutes couleurs, blancs, rouges et verts, mais d'une saveur uniformément détestable.

Or, de ces faits M. l'abbé Angot tire une conclusion très inattendue :

Si maintenant nous recherchons quand et comment le cidre a été introduit dans la Normandie, nous apprenons avec quelque surprise que l'apparition de cette boisson si normande n'en date pas d'après les auteurs et les auteurs les plus autorisés, d'une époque très reculée. Suivant ces témoignages, *le cidre était déjà la boisson du peuple dans le Maine,* qu'il était encore *inconnu en Normandie.*

« La Normandie n'a connu le cidre qu'après le Bas-Maine, » répète à son tour le *Bulletin de la Commission historique et archéologique de la Mayenne* (1).

Les beaux travaux de MM. Léopold Delisle et Siméon Luce, nos éminents compatriotes, ont d'avance réfuté les assertions téméraires échappées à nos confrères du Maine, au sujet des « pressouriers » normands. C'est pour cela que j'ai simplement intitulé l'article que je publiai, à cette occasion, dans *Le Cidre et le Poiré,* en 1892 : « Redites sur l'histoire de la fabrication du cidre en Normandie ».

(1) Deuxième série, t. I, 1888-1889, p. 421.

Il ne paraît pas, d'ailleurs, que les Manceaux fussent encore bien difficiles sur la qualité du cidre, au milieu du xvi° siècle, si l'on remarque qu'en 1560, F. Dany, religieux de Saint-Vincent du Mans, dans son traité de *La Manière de semer et faire pépinière de sauvageaux, enter de toutes sortes d'arbres et faire vergers* (1), enseignait que l'on peut faire bon cidre de toutes sortes de pommes, soit franches, soit sauvages. Mais il est à croire qu'ils profitèrent des *Remontrances sur le défault du labour et culture des plantes, contenant la manière d'affranchir et apprivoiser les arbres sauvages*, par le savant naturaliste Pierre Belon, du Mans, publiées à Paris en 1558, ouvrage qui fut traduit en latin par Charles L'Écluse, en 1589.

Il est donc évident que M. l'abbé Angot s'est complètement mépris sur la part qui revient au Maine dans les perfectionnements dont la boisson nationale des Normands a été l'objet depuis la fin du Moyen-Age. Il n'en est pas moins vrai que les plantations de pommiers et de poiriers ont été comptées, de tout temps, comme une des ressources de l'agriculture dans ce pays. On en trouve la preuve dans le nombre considérable d'anciens noms de lieux (une centaine environ) dérivés de ces plantations : Pomeria, Pommerie, Pommeraie, le Pommier, les Pommiers, le Poirier, les Poiriers, etc., que l'on peut relever dans le *Dictionnaire topographique de la Mayenne.*

Ces noms caractéristiques, du reste, se retrouvent, mais dans des proportions beaucoup moins grandes, dans les dictionnaires topographiques de la plupart des départements.

Bretagne. — Quoique la Bretagne ne soit pas précisément un pays vignoble, il est assez fréquemment fait mention des vignes dans le Cartulaire de Redon. On y trouve ainsi des donations *ad cibum et potum*, remontant au ix° siècle (2). Cependant, lorsque les envoyés du comte d'Anjou se présentèrent devant le comte Johel Bérenger, vers 931, celui-ci ne put leur offrir du vin, mais seulement du *médon* et de la cervoise en abondance. On doit remarquer que, dans cette énumération des boissons en usage à la cour du comte de Bretagne, il n'est pas parlé du cidre. Il est cependant fait mention, dans les chartes de l'époque, de plants de pommiers, *pomaria* (3 .

(1) Imprimé dans les *Quatre Traitez utiles et délectables de l'agriculture*, Paris 1560, petit in-8°, feuillets 26-116.

(2) A. de Courson, *Cartulaire de Redon*, Prolégomènes, p. CCXXII et p. 37.

(3) Ibid., p. CCXXIII et 257.

L'existence de pressoirs sur un grand nombre de domaines féodaux de la Bretagne, signalée par M. E. Marzelle, laisse supposer que l'on y fabriquait du cidre, dans les localités où la culture de la vigne n'était pas possible. Mais il est évident que les Bretons, pas plus que les Manceaux, n'ont pas devancé les Normands dans l'art de fabriquer une boisson agréable et tonique au moyen du jus de pommes.

Quoi qu'il en soit, il paraît que les droits sur les cidres, dès une époque reculée, figuraient au nombre des impôts et billots compris dans le domaine des anciens ducs de Bretagne. On voit, par un édit de Charles VIII, du 14 juillet 1492, que les deniers provenant de ces impôts étaient destinés à l'entretien des villes, places et passages de la Bretagne. Or, on voit par diverses lettres d'octroi du temps d'Henri IV, qu'effectivement le produit de ces taxes était affecté aux besoins des villes de cette province (1). Ces impôts ou billots furent réunis à la ferme générale des Aides, en 1617, suivant le bail passé, le 26 janvier de ladite année, à Isaac Payot, dans lequel il est dit que les droits ci-devant aliénés aux Etats de Bretagne, venaient d'être dégagés et que leur jouissance devait expirer au 31 décembre 1617. Ces droits furent de nouveau engagés aux Etats de Bretagne en 1628 et, plus tard, en 1739. Le droit d'impôt était, en Bretagne, de 1 livre 2 sols 10 deniers par barrique de 120 pots, pour les vins étrangers et les eaux-de-vie, et de 11 sols 3 deniers pour le vin breton, la bière, le cidre et le poiré. Le droit de billot consistait dans un prélèvement de 6 pots par barrique. Ces droits étaient dus par les écclésiastiques et par les nobles. Il existait cependant une exemption en faveur de ceux qui avaient abattu le *papegault* au tir de l'arc ou de l'arquebuse. A Rennes, à Nantes, à Saint-Malo, à Saint-Brieuc, à Vannes, à Pennemarc, cette exemption était considérable et permettait à celui qui en jouissait de faire entrer dans sa cave jusqu'à vingt

---

(1) Arrêt du Conseil d'Etat du 13 août 1662, établissant pour six années, en la châtellenie de Fougères, une taxe sur le vin et sur le cidre, pour le produit en être affecté aux réparations des murs de ladite ville (Noël Valois, *Inventaire des Arrêts du Conseil d'Etat*, t. II, p. 96, n° 702). — Arrêt du 13 décembre 1603, déclarant qu'après la réparation des murs de Fougères le produit des 6 deniers par pot de vin et des 3 deniers par pot de cidre, demeurera affecté au paiement des dettes de la ville (Ibid., n° 9813).
Des arrêts analogues furent rendus pour les villes de Dinan (année 1601, n° 6,332); — Saint-Brieuc (année 1603, n° 7,831); — Saint-Malo (années 1604 et 1608, n°* 8,589 et 12 862); — Hennebon (année 1603, n° 9,068); –- Morlaix (années 1607 et 1609, n°* 11,713 et 13,363); — Rennes (années 1608 et 1609, n°* 12,244 et 13,838)+ — Guingamp (année 1610, n° 15,154).

tonneaux sans payer de droits. Il pouvait céder ce privilège à un cabaretier ou à tout autre habitant, du nombre de ceux qui avaient tiré au papegault, à condition de vendre sous un même brandon. Le tonneau, en Bretagne, était de 124 pots ; il était le double de la pipe. Ailleurs, ce droit était de 16 tonneaux, de 20 barriques, ou seulement de 15 pipes. Il existait, en outre, des maisons franches, exemptes des impôts et billots, par suite d'une concession pré-cieuse des ducs de Bretagne.

Ces privilégiés étaient propriétaires de maisons qui, générale-ment, tenaient des débits de boissons importants. A Rennes, les maisons franches étaient au nombre de vingt-quatre, situées dans une douzaine de rues de la ville. Parmi ces maisons, nous citerons : la *Harpe*, le *Pot-d'Etain*, rue de la Fauverie ; les *Trois-Rois*, l'*Ecu-de-France*, la *Tête-Noire*, les *Clefs*, rue Saint-Georges ; le *Flacon*, faubourg Saint-Michel, etc.

Les propriétaires de ces maisons étaient généralement astreints à certaines obligations, stipulées à l'origine, lors de la concession, comme de réparer des parties de mur, de réparer un chemin, etc.

Les mêmes privilèges existaient pour Guingamp, Dinan, Mor-laix, Quintin, Mordelle, Gaïmené, et pour un certain nombre de maisons religieuses et de seigneurs (1).

En 1722, une pipe de cidre valait 18 livres à Rennes. En 1782, les droits perçus dans la même ville, sur le cidre, le poiré et la bière, étaient de 13 sous par barrique (2).

La GASCOGNE. — Le vaste territoire compris sous ce nom renferme plusieurs pays, dans lesquels le cidre est connu depuis les temps les plus reculés. Cette boisson, en effet, est désignée par un terme particulier, *pittura*, dans la langue nationale des Basques, antérieure évidemment aux langues romanes, issues du latin. Bullet, dans son *Dictionnaire celtique*, donne de ce terme une forme un peu différente, *patsura*, qu'il traduit par piquette. On donne aussi au cidre, dans ce pays, le nom de *zagardua*.

Le *Citre* ou *Pomade* (*Pomata*) est mentionné dans la coutume de Bayonne, titre VII, art. 12 et dans celle du pays de Labourd, titre VII, art. 9, et dans la coutume de Saint-Sever, de l'an 1100, comme boisson sujette à certains droits et réglements, figure

(1) Le Febvre de la Bellande, *Traité général des Droits d'aydes*, Paris, Prault, 1770, ch. XVIII.

(2) Exposition universelle internationale de 1889. Rapports du jury interna-tional, publiés sous la direction de M. Alfred Picard, groupe VII (2ᵉ partie, p. 703).

également, sous le nom de pommée. dans la coutume de Bourbon, titre XXXVI (1).

Il est dit dans les *Rapports du jury international, exposition de 1889*, groupe VII, publiés sous la direction de M. Alfred Picard, que depuis longtemps les rapports étaient fréquents entre la Normandie et la Biscaye. « Les Basques expédiaient beaucoup de cidre dans le Cotentin. Un vieil écrivain écrit : De là ·la Biscaye) a été apportée cette année bonne quantité de cidre à Coustances et autres lieux circonvoisins. » (2)

Le vieil auteur cité ici n'est autre que Julien de Paulmier, traduit avec additions par Cahaignes. Mais, malheureusement, il nous semble qu'on lui fait dire ici tout le contraire de ce qui ressort de la lecture du chapitre qu'il a consacré à la question de « la nature et de l'invention du sidre, » dans lequel il prétend que les habitants du Cotentin « en ont congneu premièrement l'usage par deçà, ce qu'on peut entendre par les plus vieilles et antiques fleffes de leurs terres, faites aux charges et conditions de cueillir les pommes et faire les poires » (3).

Poursuivons notre citation :

Et de vray, la maniére vulgaire de le faire (le cidre) en Biscaye, est encore fort rude, car les uns concassent les pommes seulement, puis les mettent dans un vaisseau, avec bonne quantité d'eau, laquelle ayant prins quelque force et vertu des pommes concassées, et s'estant purifiée par ébulition, ils l'appellent pommade, et en boyvent. Les autres froissent seulement les pommes à petit coup de maillet, puis les mettent entieres au vaisseau, pour se cuire et purifier. Les plus advisez le font comme par deçà, et de là en a esté apporté ceste année bonne quantité par la mer à Coustances, et autres lieux maritimes circonvoisins.

Il pourroit néantmoins sembler que le sidre n'estoit anciennement si commun en Normandie qu'il est de présent : d'autant qu'il ne se trouve monastère, ne chasteau, ne maison antique, ou il n'y ait vestiges manifestes et apparentes ruines de brasserie de biére, qu'on y sembloit faire pour la provision ordinaire. Et n'y a pas cinquante ans qu'à Rouen, et en tout le pays de Caux, la biére estoit le boire commun du peuple, comme est de présent le sidre : mais ti estoit bien raisonnable que la biére cedast à une liqueur si piaisante et si salutaire qu'est le sidre, comme il faudra qu'estant cogneu par les médecins, qu'il prenne pied par toute la France, aussi bien qu'en Biscaye, malgré tous les excellens vins que nature produit en abondance au voisinage. Autrement quelle faute seroit-ce aux médecins, de rechercher si

(1). Du Cange, *Glossaire*, aux mots *pomaceum et pomatu*.

(2). *Rapport du jury international*, etc, groupe VII, p. 700.

(3). *Traité du Vin et du Sidre*. Caen, Pierre Le Chandelier, 1589, p. 38 verso.

curieusement et avec tant de fraiz, tant de remédes iusques aux entrailles de la terre, et mepriser cestuy-ci, qui est si plaisante et si excellente medecine d'une infinité de maladies?

L'assertion de Paulmier au sujet de l'usage de la bière, particulièrement à Caen, à Rouen et dans la Haute-Normandie, ne détruit pas ce qui est dit dans le pays cité plus haut de la primauté attribuée aux habitants du Cotentin dans l'art de fabriquer convenablement le cidre. Quant au transport, en l'année même de la publication du Traité *De Vino et Pomaceo*, c'est-à-dire en 1588, d'une bonne quantité de cidre de « par delà » à Coustances et autres lieux maritimes circonvoisins, il est impossible d'y voir la preuve que « les Basques expédiaient habituellement beaucoup de cidre dans le Cotentin. » Cet envoi de cidres de la Biscaye en Basse-Normandie ne peut avoir été fait que pour établir une comparaison entre les produits pomologiques des deux pays. A cette époque, la réputation du cidre de Normandie était longtemps établie, et cette supériorité ressort de ce que Paulmier nous dit des procédés très primitifs habituellement employés en Biscaye pour la fabrication du cidre, alors que le sire de Gouberville, dans son *Journal*, trente ans auparavant, nous initie aux détails de l'opération du pressurage et aux résultats qui récompensaient les soins qu'il y apportait.

Le doute n'est donc pas possible sur le sens du passage en question du *Traité* de Paulmier. Mais il n'en est pas moins certain que c'est du pays de Biscaye que furent apportés, vers le commencement du XVIe siècle, les greffes de Biscaye ou de Barbarie que Guillaume Dursus, originaire de ce même pays, introduisit dans ses domaines du Cotentin et au moyen desquelles il obtint un cidre supérieur.

Bien loin d'avoir appris aux Normands à faire le cidre, c'est plutôt de ceux-ci que les Biscayens se sont initiés aux bonnes méthodes de culture et de brassage. On peut citer, entr'autres, comme preuve, la publication suivante : *Cidre dit Vin de pommes ou de poires, manière de le préparer selon la méthode de Normandie*, par un agronome du canton de Penne, juillet 1854. Villeneuve-sur-Lot, impr. de Leygues, in-8° de 35 pages.

Au reste, il paraît établi que le cidre de Biscaye n'a pas perdu son ancienne réputation. En 1873, dans le *Tour du Monde*, M. Ch. Davilliers disait avoir bu dans ce pays, notamment à Saint-Sébastien, du cidre qui, sans valoir celui d'Isigny, n'en est pas moins très agréable.

L'ÎLE DE FRANCE. — On trouve des détails curieux sur la culture des pommiers et des poiriers et sur la fabrication du cidre aux environs de Paris au commencement du xvi° siècle dans le savant traité *De Natura stirpium*, publié en 1538, par Jean Ruel, chanoine de Paris, médecin et naturaliste, né à Soissons en 1479 :

En France, les espèces de pommes sont presque innombrables. Les principales ont été décrites par les anciens, mais les modernes, grâce aux variétés obtenues par le moyen de la greffe les ont considérablement multipliées. Au premier rang, on met les *Capendus (Capendua)* qui se conservent facilement un an et même deux ans, et que l'on exporte jusque dans les pays d'Outre-Mer. En seconde ligne se placent les pommes connues au pays d'Amiens sous le nom de *Rambures* (1). On n'estime pas moins les *Passe-Pommes (Passipoma)*. Viennent ensuite les pommes de *Paradis (Paridisiana)* que l'on dit tombées du ciel. On donne vulgairement le nom de *Malacres (Malacria)*, à des fruits acides qui se conservent plus d'un an. On cite encore les *Châtaignes (Castinea)*, qui sont dures et âpres comme le fruit dont elles portent le nom, les *Francheturés (Franchetura)*, qui se gardent un an et plus et qui, en vieillissant, deviennent très doucès ; les pommes rouges *(Rubelliana)*. Il serait facile de donner les noms de toutes les autres espèces si cette nomenclature pouvait servir à conserver le souvenir de ceux qui les ont découvertes ou procurer gloire ou utilité à ceux qui les cultivent aujourd'hui. Mais dans cette longue liste de noms différant généralement de pays à pays, dans cette multitude de variétés produites par la greffe, il est très facile de se tromper. Celles que tous les jours produit le génie inventif des arboriculteurs ne peuvent être couchées par écrit ni distinguées d'une manière certaine dans l'étrange confusion que produit le rapprochement des noms vulgaires.

Jean Ruel, rappelle ensuite que les anciens ont connu le vin de pommes, qu'ils obtenaient au moyen du pressurage des pommes enfermées dans des sacs, avec des poids, des pilons ou des meules. Il donne ensuite quelques détails sur la fabrication du cidre telle qu'elle se faisait de son temps.

Chez nous, on fabrique aussi du vin de pommes que l'on appelle cidre *(cidrea)*. On exprime le jus de ces fruits au moyen de pilons et de meules de pressoir. On fabrique ensuite ce qu'on appelle du petit cidre *(secundarium)*, en faisant macérer le marc de pommes dans l'eau. On obtient ainsi une sorte de piquette de pommes *(pomea lora)*, qui n'est pas d'un médiocre usage pour étancher la soif des paysans.

Les espèces de poires, suivant Jean Ruel, ne sont pas moins nombreuses que les espèces de pommes. On voit par là que le

(1) Il est vraisemblable que ces pommes tirent leur origine de Rambures, seigneurie importante de la Picardie.

catalogue de seize espèces de poires donné par Charles Estienne, dans son *Seminarium, sive Plantarium*, publié en 1536, est loin d'être complet; mais Ch. Estienne n'avait évidemment pas les connaissances spéciales de l'auteur du *De Natura stirpium*.

Le même savant nous fournit un curieux renseignement à ajouter à l'histoire ou à la légende des poires de *Bon-Chrétien*, qu'il appelle *Bon-Chrestiana*. Suivant le bibliophile Jacob, saint Martin en aurait apporté le premier plant de Hongrie en Italie, au IVᵉ siècle. Mais c'est là une légende qui n'a rien d'historique (1). Ce qui est certain, c'est qu'on attribuait des propriétés merveilleuses à ces poires, qu'il fallait, disait on, laisser sur l'arbre jusqu'à la fête de saint Martin, c'est-à-dire jusqu'au 11 de novembre. Or, lorsque Louis XI fit venir en France l'ermite François de Paul, qu'on appelait le *saint homme de Calabre*, dans l'espoir que, par ses prières, ce grand thaumaturge obtiendrait le rétablissement de sa santé, celui-ci lui fit présent d'un couple de ces poiriers, auxquels on donna le nom de poiriers du *Bon-Chrétien*. Le bibliophile Jacob, dans ses *Contes à ses petits enfants sur l'Histoire de France*, a inventé sur cette donnée une charmante nouvelle, dans laquelle le dauphin, Collinet, son jeune compagnon de jeux, et le vieux monarque, jouent un rôle. Toute l'intrigue roule sur un vol de ces fameuses poires commis par le dauphin aidé par Collinet.

Jean Ruel nous apprend à son tour que Charles VIII, au cours de son expédition de Naples, rapporta en Campanie des greffes de ces mêmes poires qui, ayant admirablement fructifié en France, furent jugées dignes d'être offertes aux habitants du royaume nouvellement conquis dont elles tiraient leur première origine.

Le bon chanoine de Paris cite encore parmi les belles poires qu'il connaissait, la *Notre-Dame*, les poires musquées (*Muscata*), connues aussi sous le nom de *Chia*, très petites, pendant par bouquets de cinq ou six et plus, les poires de *Rosat*, les poires de *Fin-Or* (*Finora*), enfin la poire d'*Angoisse* (*Strangulanea*).

AUTRES PAYS DE FRANCE. — On a vu plus haut que la culture des pommiers et poiriers avait fait de grands progrès sous Louis XIII dans les pays vignobles, particulièrement dans l'Orléanais.

_____

(1) On sait que plusieurs espèces de fruits ont également reçu le nom de l'apôtre de la Gaule, sans que l'on puisse trouver d'autre motif de cette appellation que l'époque même de sa fête (11 novembre). On a ainsi le *Martin-Sec*, variété de poire rousse bonne à manger en novembre ; le *Pavie-Martin*, petite pêche d'automne (Lecoy de la Marche. *Vie de Saint-Martin*, Ch. VIII, p. 652.)

En 1628, Le Lectier, procureur du roi au présidial d'Orléans, publiait un catalogue des deux cent cinquante variétés de poires qu'il cultivait dans son jardin. Il est certain que les perfectionnements apportés à la fabrication du cidre propagèrent l'usage de cette boisson au XVIIᵉ et au XVIIIᵉ siècle. Il est à noter, cependant, que dans l'Ordonnance des Aides, du mois de juin 1680 et dans les déclarations de septembre 1684 et mai 1684 qui faisaient loi en matières d'impôts, établis sur les boissons dans toute la France, sous les dénominations barbares de *gros manquant* ou de *trop bu*, ne font aucune mention du cidre et du poiré. La raison de cette omission est que les agents du fisc n'avaient pas encore remarqué l'extension qu'avait pris l'usage de cette boisson dans les pays vignobles. Mais cette lacune ne pouvait longtemps échapper à la vigilance des fermiers généraux, témoins de l'importance croissante des plantations de pommiers et de poiriers qui eurent lieu dans les généralités de Paris, Amiens, Soissons et Châlons, au *commencement du* XVIIIᵉ *siècle*, conséquence probable de la dépopulation des pays vignobles par suite des misères créées par les guerres de la fin du règne de Louis XIV.

Ces pays furent donc soumis aux inventaires des commis, pour le cidre comme pour le vin, en vertu d'un arrêt du Conseil du mois de mars 1745. Le règlement édicté par cet arrêt, qui fut revêtu de lettres patentes du roi, enregistrées le 6 juillet suivant, ordonna que les droits de gros et augmentation seraient perçus sur les cidres et poirés compris aux inventaires et trouvés manquants au temps du récolement. Les déductions à faire sur ces boissons furent fixées au double des quantités accordées sur le vin, pour la consommation des vignerons et laboureurs, c'est-à-dire à six muids de préciput et en outre six autres muids aux laboureurs pour les charrues qu'ils exploitaient. Il fut ordonné en même temps que les autres déductions pour les coulages et remplissages sur le cidre et le poiré resteraient les mêmes que pour le vin.

En 1760, les habitants de l'élection de Montfort-l'Amaury représentèrent que le préciput qu'on leur accordait sur le cidre et le poiré ne suffisait pas pour leur boisson. Un arrêt du Conseil, du 10 février 1761, fit droit à cette réclamation et ordonna que, dans les cas où les règlements accordaient trois muids de vin aux vignerons et aux laboureurs pour leur préciput, et, en outre, aux laboureurs, trois autres muids de vin pour chaque charrue, il serait accordé aux uns et aux autres, dans l'étendue de l'élection de Montfort-l'Amaury, douze muids de cidre ou poiré, au lieu de six qui leur étaient auparavant passés en exemption des droits de gros et augmentation.

Les Picards ne se montrèrent pas moins réfractaires à l'exercice des inventaires de leurs cidres et poirés. L'affaire fut portée au Conseil en 1770, et, après un long procès, les fermiers généraux firent rendre des lettres patentes, le 14 juillet 1772, par lesquelles les habitants de la généralité d'Amiens et autres provinces assujetties au droit de gros et augmentation pour le vin, seraient tenus de souffrir les inventaires et récolements de leurs cidres et poirés et de payer les droits dans tous les cas où les règlements les ordonnaient pour les vins.

Le cidre et le poiré étaient, en outre, sujets, dans tous les pays où les Aides avaient cours, aux droits de subvention, de doublement, de jaugeage et courtage, de cinquième et de huitième, etc.

En dépit des visites, inventaires et autres exercices plus ou moins vexatoires auxquels étaient assujettis les producteurs de cidre, la culture des pommiers continua à prendre de l'extension au XVIII° siècle, dans les pays où elle était jusqu'alors inconnue.

On en trouve, par exemple, la preuve dans la publication, en 1760, par Thierrat, procureur du roi à Chauny (Aisne), d'*Observations sur la Culture des arbres à haute tige, et particulièrement des Pommiers*.

En 1786, on voit M. Salmon d'Offaigne conseiller aux cultivateurs des Ardenne d'imiter la Basse-Normandie, qui, écrivait-il, ne vaut guère mieux que notre Ardenne, en suppléant au défaut de vignobles par la production du cidre.

Le cidre, ajoute-t-il, leur seroit d'un grand secours, s'il pouvoit devenir un jour, en partie, la boisson du peuple et former une nouvelle branche de commerce. Il y a douze ans que ces réflexions me firent naître l'idée de faire un essai de culture de pommiers à cidre. Les bois fournissant abondamment des pommiers sauvageons, j'en fis arracher de gros, je les plantai dans les clos et, de préférence, dans les haies de ces clos. J'en formai des allées sur les grands chemins ; le fruit étant amer, les passants ne les volent point. Après cette première opération, je fis venir des greffes de pommiers à cidre du meilleur canton de la Basse-Normandie. Il résulte de mes épreuves que le pommier à cidre se plait en Ardenne. Il n'y est point chancreux et même il est plus vigoureux que les arbres du pays. Il donne du fruit au bout de quatre ans, manque rarement et va toujours en augmentant, de sorte que j'ai fait cette année une récolte abondante qui m'a donné quatre pièces de cidre.

M. Salmon nous fait connaître cependant que les Ardennais

paraissaient s'être montré alors peu disposés à suivre son exemple.

La voix de la persuasion, dit-il, ne réussira jamais à faire adopter la culture du pommier à cidre, qui ne présente qu'une jouissance éloignée et qui est fort indifférente au peuple. La *voïe coactive* seroit donc essentielle ici. On ne parviendroit à généraliser cette culture qu'en ordonnant à tout habitaut, propriétaire de quelque terrain, de former dans un coin de son jardin une pépinière.

Les pays vignobles, les riches pays où la bière est en usage, retireroient un grand profit de la culture d'une boisson peu coûteuse et salubre, si les propriétaires aisés plantoient des arbres à cidre dans les terrains perdus, le long des haies.

Le mémoire de M. Salmon parut dans la *Bibliothèque physico-économique*, année 1786, publication très répandue et justement estimée.

Aujourd'hui, il n'est plus besoin — Dieu merci ! — de recourir à la *voie coactive* pour favoriser la culture du pommier dans les Ardennes. On en a fait des plantations sur les routes départementales et sur les chemins ruraux, en exécution d'un vœu émis au Concours régional de Chaumont, en 1882, et adopté par le Conseil général des Ardennes. On les plante dans les bordures des champs et sur les coteaux abrités.

Nous apprenons, par un remarquable rapport de M. A. Loret, que, grâce au choix des variétés et aux soins apportés à la fabrication du cidre et du poiré dans ce pays, l'on est parvenu à obtenir, dans les Ardennes, une boisson agréable et réconfortante. M. Loret recommande particulièrement certaines espèces d'origine normande, notamment le *Fréquin-Rouge*, qui donnent un cidre délicat, choisi de préférence pour la mise en bouteilles, « que l'on recherche dans les jours de fêtes et avec lequel *on* salue l'arrivée d'un ami » (1).

On trouve une preuve du développement qu'avait pris la consommation du cidre et du poiré en Lorraine et dans le duché de Bar, au xviiie siècle, dans un Rapport fait à la Faculté de Médecine de Paris, par MM. Bellot, Le Camus, Rome, Darcet, au sujet des esprits inflammables du cidre et du poiré, fait à la requête des juges municipaux de ces duchés (2).

La Savoie, sœur cadette des provinces françaises, produit, elle aussi, des cidres « qui, bien faits, ne le cèdent en rien à leurs

(1) *Le Cidre et le Poiré*, première année, pages 180-183
(2) Hérissant. *Bibliothèque physique de la France*, page 473.

similaires d'autres provenances », au témoignage de M. Rigaux, professeur départemental d'agriculture, à Annecy (1).

Il n'est pas jusqu'à la Côte-d'Or où la vigne n'ait trouvé, non pas un concurrent, mais un allié secourable dans le pommier. Il ne faut pas oublier qu'en 1745, un célèbre médecin, originaire de Dijon, Pierre Poissonnier, de l'Académie des Sciences, dans sa thèse de doctorat, reproduisit la proposition développée vingt ans auparavant par Jean-Baptiste Dubois, de Saint-Lô, professeur au Collège de France, sur la question de savoir si le cidre n'est pas préférable au vin pour les personnes maigres (2). Cette thèse, soutenue avec éclat, fit oublier les mauvaises plaisanteries de Coffin, qui, dans l'ardeur de la lutte entre les vins de Bourgogne et de Champagne, à laquelle il prit part, s'était oublié jusqu'au point de lancer des quolibets surannés contre la boisson nationale des Normands, qu'il qualifiait de « misérable limon de Neustrie.»

Un propriétaire viticulteur de la Côte-d'Or, mieux avisé, M. Léchenet-Samson, nous apprend que, depuis 1887, il a planté plus de mille pommiers à cidre autour de ses vignobles. Car, « tous les vignerons le savent, dit-il, la gelée, qui nous enlève près des deux tiers des récoltes en moyenne, épargne toujours les pieds de vigne sous les arbres... Mes pommiers plantés dans les vignes sont très beaux et aussi vigoureux que ceux que j'ai vus dans divers pays de production en Normandie, et j'espère bien que, pour la qualité, en choisissant de bonnes variétés, il en sera de même » (3).

IX

Le Cidre anglais

Nous avons vu que le grand chancelier d'Angleterre, l'illustre François Bacon, le père même de la méthode expérimentale, avait la plus haute estime pour le cidre anglais. En 1656, dans une lettre à Samuel Hartlib, un habitant du Herefordshire, province renommée pour ses plants d'arbres fruitiers, fit un éloge du cidre,

---

(1) *Le Cidre et le Poiré*, première année, pages 83-84.

(2) *Quæstio medica, an gracilibus Pomaceum vino salubrius? Propugnata, an. 1725, in Universitate Parisiensi*, Paris 1723, in-4°. — Voir aussi *Journal des Savants*, sept. 1723.

(3) *Le Cidre et le Poiré*, 2° année, p. 50 51.

comme d'une boisson saine et fortifiante et donna quelques bons conseils à ses compatriotes sur le pressurage des pommes, sur les semis de pépins, etc. (1).

Le botaniste anglais, Jean Ray, dans son *Histoire des Plantes*, publiée en 1693, recommande, pour obtenir un cidre en même temps généreux et doux, de choisir des pommes d'un bon jus (*boni succi*). Il fournit lui-même une liste de vingt variétés, qu'il regarde comme étant plus particulièrement propres à faire de bonne boisson. Parmi ces pommes, figure la fameuse *Golden Pippin*, l'orgueil des Anglais, dont le cardinal Dubois, dans sa correspondance diplomatique avec lord Stanhope, par flatterie probablement plus que par conviction, déclarait préférer le cidre à notre gros cidre de Normandie (2).

Saint-Évremond, épicurien raffiné, profès de l'ordre des Coteaux, qui passa les quarante-huit dernières années de sa vie en Angleterre, et mourut en 1703, ne paraît pas avoir marqué pour le cidre anglais le goût prononcé affecté par Dubois, alors qu'il convoitait le chapeau, qu'il espérait plutôt obtenir par l'intrigue qu'en récompense de ses services comme ministre. Il est vrai que Saint-Évremond, fils d'un bon gentilhomme des environs de Coutances, devait un peu mieux se connaître en cidre que l'ancien précepteur du Régent, né à Brives-la-Gaillarde. Il n'en est pas moins évident que l'arrêt prononcé en faveur du cidre anglais, par le rusé ministre, dut contribuer à le mettre en crédit à Paris, où le Régent avait fixé sa résidence. Le poème de sir John Philips, *Pomone of Cyder*, publié en 1706, assez médiocre au fond et nullement probant par lui-même, n'y nuisit pas non plus. Il obtint un succès extraordinaire, comme nous l'avons dit plus haut, eut quatre éditions en Angleterre, fut traduit en italien, et parut en français, en 1756, dans l'*Idée sur la Poésie angiaise*, par l'abbé Yart, membre de l'Académie de Rouen. François de Neufchâteau, à son tour, n'a pas dédaigné d'en traduire en vers quatre fragments, qu'il a joints à ses notes sur le *Théâtre d'Agriculture*.

L'anglomanie qui a sévi chez nous, au XVIIIe siècle, d'une façon déplorable, eut aussi part évidemment à cet engouement passager, dont il est permis, d'ailleurs, de chercher l'origine dans un

---

(1) *Lettre à Samuel Hartlib*, du 16 mai 1636, imprimée à la fin du *Traité physique et pratique*, de Bradley, sur la culture des jardins, Londres, 1730, in-8°.

(2) *Correspondance du cardinal Dubois*, p. 174.

artifice employé par nos voisins d'Outre-Manche, pour donner plus de montant à leurs cidres. Les journaux anglais de cette époque firent, en effet, grand bruit autour d'un certain cidre, dénommé Cidre royal, qu'ils disaient supérieur au vin de France. Au nombre des vertus qu'ils attribuaient à ce Cidre royal, celle-ci n'était pas la moindre, ou du moins la moins appréciée des estomacs britanniques : c'est « qu'un homme pourrait fort bien s'enivrer deux fois par jour de cette liqueur sans en être incommodé, parce qu'elle est éminemment diurétique ». Or, tout le secret de cette boisson fameuse consistait simplement dans l'addition d'une égale quantité l'eau-de-vie de cidre au cidre pur ; plus, sirop de cidre, un dixième ; sucre, deux décagrammes. On obtient, paraît-il, par ce procédé, une boisson analogue au vin des Canaries. Les Anglais fabriquaient aussi, suivant une autre formule, une imitation économique du vin de Madère, dont on disait merveilles (1).

Mais il ne s'agit ici, en réalité, que de boissons artificielles et d'imitations plus ou moins bonnes ou mauvaises des vins généreux du Midi, appropriées au goût des populations septentrionales pour les boissons alcooliques. On doit considérer, au contraire, comme un effort sérieux vers un but pratique et comme une indication utile des améliorations dont les produits pomologiques étaient susceptibles, les *Aphorismes et nouvelles expériences sur les boissons qu'on peut extraire de quelques espèces de fruits*, publiés à Londres, en 1694, in-folio, et les *Instructions sur l'Art de faire les cidres*, publiées en 1736 par la Société économique de Dublin.

J'ai quelquefois vu, dit le docteur anglais Robert James, des coliques opiniâtres guéries par l'usage du cidre... Le cidre est une boisson fort bonne et fort salutaire, pourvu qu'on en use modérément. On pourrait même dire qu'il est, en général, plus convenable pour la santé que le vin, parce que ses esprits ne sont pas si impétueux ni si agités que ceux du vin, et qu'ils sont d'ailleurs retenus par une plus grande quantité de flegme un peu visqueux, qui contribue encore à rendre cette boisson humectante et rafraichissante. L'expérience nous fait connaître que la plupart de ceux qui ne boivent que de cette liqueur, sont plus forts et plus robustes et ont un meilleur visage que ceux qui boivent du vin (2).

---

(1) *Le Cidre*, par L. de Boutteville et A. Hauchecorne, p. 59 et 104. — Louis Dubois, *Du Pommier, du Poirier et du Cormier*, seconde partie, p. 72.

(2) James, *Dictionnaire universel de Médecine*, Londres, 1743, 3 volumes in-folio. Traduit en français en 1746.

Les provinces de l'Angleterre les plus renommées pour la bonté du cidre sont Herefordshire, Worcesterhire et Devonshire. Musgrave rapporte que les peuples de cette province sont sujets à la goutte, ce qu'il attribue au trop grand usage de cette liqueur.

Le cidre du Devonshire a sa légende, ni plus ni moins que le Malvoisie, et M. le comte de Contades (1) l'a racontée dans *Le Cidre et le Poiré*, d'après les *Aylesbury Legends*.

James Rooke était né dans un humble cottage du Devonshire, derrière lequel s'étendait un délicieux verger. C'éta ent des gens de Bible que ces Rooke, qui, en été, sanctifiaient les chaudes après-dîners du dimanche par de pieuses lectures à l'ombre de leurs pommiers.

James dut enfin s'embarquer pour aller chercher fortune aux Colonies. Or, un jour, mourant de soif et ne pouvant se désal-térer, il lança ce blasphème contre le ciel en feu : « Que Dieu me damne, pourvu que je boive un bon verre de cidre ! »

Ce vœu impie ne fut que trop bien exaucé. Toutes les boissons, tous les mets se changent à l'instant en cidre pour le blasphéma-teur. Le goût du cidre le poursuit partout et il le retrouve jusque sur les lèvres pures de la douce Alice. Dans son désespoir, il se jette à la rivière. « Mais, malédiction du ciel ! c'est encore du cidre qui impose à son palais son implacable parfum, puis, emplissant sa gorge, l'étouffe dans une hantise de saveur expia-toire ! Et les yeux du mourant, rasant les eaux, les aperçoivent *jaunes et dorées comme coulant à flots d'un tonneau défoncé*. »

Ce conte montre dans quelle estime les Anglais tiennent le cidre du Devonshire. Celui de Jersey n'est pas moins célèbre. Jersey possède à la fois les meilleures espèces de pommiers des provinces anglaises du Herefordshire et du Devonshire, plusieurs de nos variétés normandes, et enfin certaines autres particulières à l'île et obtenues par semis. Les cidres de Jersey jouissent d'une véri-table réputation. Il ne faut pas oublier que les cultivateurs y emploient, comme en Angleterre, des procédés artificiels pour donner du montant à leurs cidres, ou dans le but de les rendre plus transportables, en y ajoutant une certaine quantité d'eau-de-vie. Les Américains, comme le font justement remarquer MM. de Boutteville et Hauchecorne, ne s'en tiennent pas là ; ils ajoutent volontiers quelques galons de rhum à chaque baril, dans la proportion de sept litres de rhum par hectolitre de cidre (2).

(1) *Le Cidre et le Poiré*, 1re année, p. 193-195.
(2) L. de Boutteville et Hauchecorne, *Le Çidre*, p. 104-104.

X

La Corporation des Faiseurs d'eau-de-vie
et les Bouilleurs de cru

Lorsque le secret de la distillation des liqueurs fermentées
fut sorti du laboratoire des alchimistes, les savants n'hésitèrent
pas à attribuer des propriétés merveilleuses à ce produit inconnu
des anciens auxquels on doit l'invention de l'alambic. Arnaud de
Villeneuve, dans son traité intitulé : *De conservendâ juventute*,
écrit vers 1309, en parle avec enthousiasme :

> Quelques-uns, dit-il, l'appellent eau-de-vie *(aqua vitæ)*. Certains
> modernes disent que c'est l'eau permanente ou éternelle (1), ou bien
> l'*eau d'or*, à cause du caractère sublime de sa préparation. Ses vertus
> sont bien connues ; elle prolonge la vie, et voilà pourquoi elle mérite
> d'être appelée eau-de-vie. On doit la conserver dans un vase d'or ;
> tous les autres vases, ceux de verre exceptés, laissent suspecter une
> altération. Elle ranime le cœur, dissipe les humeurs peccantes ou
> superflues et entretient une perpétuelle jeunesse (2).

On l'assimila à l'élixir de longue vie et au mercure des philosophes. On lui donna les noms d'*esprit* et d'*âme du vin* (3) de
quintessence et d'*eau ardente,* d'*eau de feu* ou *brandevin*. Quant
au terme générique, alcool, qui a prévalu, il avait une signification très large (4) et n'est apparu qu'à une époque morderne.

Il parait résulter d'un passage d'un sermon du fameux frère
Gabriel de Barletta, pour le premier dimanche de Carême,
cité par Du Cange (5), que dès le temps de Louis XI on faisait

---

(1) *Aqua permanens* ou *perennis*, c'est-à-dire qui ne peut être fixée ou
solidifiée.

(2) Cité par M. Berthelot, dans son savant ouvrage intitulé : *La Chimie au
moyen-âge*, t. I, p. 144.

(3) C'est le terme employé par Ambroise Paré. *(Œuvres*, p. 1154.

(4) Ambroise Paré réserve le nom d'alcool aux médicaments, subtilement
pulvérisés (*Œuvres*, p. 1127), et, au siècle dernier, comme on le voit par le
Dictionnaire de Trévoux, édition de 1771, on avait encore conservé au verbe
alcooliser ou *alkooliser*, son sens primitif de sublimer, subtiliser, c'est-à-dire
réduire en particules impalpables et volatiles, soit qu'il s'agit de poudres, soit
qu'il s'agit de vapeurs.

(5) *Glossarium mediæ et infimæ latinitatis*, verbo, AQUA VITÆ,

déjà abus de l'eau-de-vie, au moins dans les contrées méridio-
nales. Suivant Delamare (1) et Le Grand d'Aussy (2), Louis XII
par ses lettres patentes du mois de septembre 1514, aurait attri-
bué à la communauté des buffetiers, vinaigriers et moutardiers
de la ville de Paris, le droit exclusif de faire de l'eau-de-vie. Mais
il est à remarquer que le texte de ces lettres patentes donné par
Delamare lui-même (3), ne contient aucune mention des distillateurs en eau-de-vie et esprit de vin, comme il l'affirme.

Vingt ans après ce premier établissement, ajoute-t-il (4). il y eut
une autre communauté établie à Paris avec l'attribution expresse de
distillateurs et faiseurs d'eau-de-vie et d'eau forte.

Delamare commet ici une nouvelle erreur, car les « premiers
statuts des distillateurs et vendeurs d'eau-de-vie » sont de l'année
1634 et non de 1534, comme il l'indique. Cette confusion a trompé
également Le Grand d'Aussy, qui l'a suivi.

Il n'en est pas moins certain que dès le XVIe siècle, les apothicaires cessèrent d'avoir le monopole exclusif de la vente de l'eau-
de-vie (5) qui, après avoir longtemps été regardée comme un
véritable élixir avait pris place sur la table des gens riches parmi
les boissons de luxe. A ce titre, ce produit ne tarda pas à être
l'objet de l'attention des agents du fisc, comme matière impo-
sable. Le 7 décembre 1604, Isaac Bernard (6) obtint pour dix ans
du roi Henri IV la concession du privilège de pouvoir seul faire
transporter hors du royaume les eaux-de-vie fabriquées dans les

(1) Delamare, *Traité de la Police*, t. III, p. 434, livre V, titre XLV, ch. I,
Des Vinaigriers.

(2) Le Grand d'Aussy, *De la Vie privée des Français*, t. III, p. 70.

(3) Delamare, *ibid.*, p. 435, 437.

(4) *Ibid.*, page 786.

(5) Sous Henri IV, la charge d'apothicaire et distillateur du roi fut pos-
sédée par Thomas Guenault, qui, outre ses gages ordinaires de 200 livres,
reçut le 21 octobre 1597 et le 29 janvier 1598, assignation de sommes de
800 écus. (Noël Valois, *Inventaire des arrêts du Conseil d'État*, nos 3309,
3489, 3944, 4465.

(6) Ce nom, a été porté par plusieurs financiers, sans compter Nicolas
Bernard, alchimiste dauphinois, qui publia en 1599 *Brevis elucidatio arcani
philosophorum.* Isaac Bernard se rattache-t-il à Charles Bernard, auquel on
doit un *Discours sur l'état des finances*, 1614, in-4°, à Bénigne ou à Antoine
Bernard, secrétaire et contrôleur des finances sous Henri IV, ou enfin à
Samuel Bernard, le célèbre banquier, non pas juif comme on l'a dit, mais
protestant et fils du peintre du même nom, né à Paris en 1615 ? Ce serait là
un point curieux à élucider, car nous n'avons trouvé nulle part ailleurs le
nom d'Isaac Bernard.

généralités de Tours, de Poitou, de Languedoc et de Guyenne, Mais ce monopole fut vivement attaqué, et le 11 mars 1606, le concessionnaire fut autorisé à produire une requête pour le conserver. Le 27 septembre 1608, le même Isaac Bernard, devenu secrétaire de la Chambre du roi, obtint un arrêt qui le confirmait dans le privilège de pouvoir seul exporter les eaux-de-vie. L'année suivante, il dut porter appel d'une sentence rendue contre lui par le juge de la Rochelle au sujet de l'exercice de son monopole. L'opposition ne s'arrêta pas là : le 21 novembre 1609, des remontrances en quarante et un articles furent présentées au Conseil par les députés de Bordeaux et de la senéchaussée de Guyenne, au sujet des charges nouvelles que les fermiers généraux et les partisans faisaient peser sur ce pays, notamment celles résultant du monopole de l'exportation de l'eau-de-vie. Il y eut même des émeutes à Cognac et à Tonnay-Charente, contre Isaac Bernard, trésorier des mortes-payes de Bretagne, au sujet du privilège qui lui avait été accordé de pouvoir seul fabriquer et faire transporter de l'eau-de-vie dans les généralités de Tours, Poitiers, Toulouse, Guyenne, Limoges et dans les comtés de Nantes et de Blois (1).

Ces faits prouvent évidemment que la fabrication et la vente des eaux-de-vie formaient déjà en France une industrie et un commerce considérable, dans les pays vinicoles. Il nous reste à montrer que sous ce rapport, les habitants des pays qui produisent le cidre ne s'étaient pas montrés moins industrieux. Dès 1553, en effet, Gilles de Gouberville, seigneur du Mesnil-au-Val, dont nous avons souvent eu l'occasion de citer le curieux journal, fit faire des alambics de verre et de terre, pour la distillation des eaux (2) dont le secret lui avait été révélé par un jeune homme natif de Touraine, qu'il avait reçu chez lui au mois de mars de cette année. L'année suivante, à la date du 1er septembre 1554, on trouve dans son journal l'article suivant :

(1) Noël Valois. *Inventaire des arrêts du Conseil d'État*, n°s 8768, 10118, 12558, 13477, 14689, 15268. Le dernier arrêt du 10 mars 1610 porte que « Jacques Roux, Michel Levesque et autres habitants de Cognac et de Tonnay-Charente, s'expliqueront au sujet des rébellions et voies de fait qu'ils auroient commises en violation du privilège accordé à Isaac Bernard, trésorier des mortes-payes de Bretagne, de pouvoir seul fabriquer et faire transporter de l'eau-de-vie dans les généralités de Tours, Poitiers, Guyenne, Limoges et dans les comtés de Nantes et de Blois. »

(3) Ambroise Paré, au livre XXVII de ses *Œuvres*, p. 1147, recommande de se servir de vaisseaux de verre ou de terre pour distiller les eaux et il indique spécialement la manière de distiller l'eau-de-vie « appelée l'âme ou l'esprit de vin. » (*Ibid.*, p. 1134.)

Je baille à Michelet, chaudronnier, pour deux jours qu'il avoit esté à raconstrer le vesseau pour fere de l'eau-de-vie, et pour ses matières qu'il y avoit mises, 15 solds (1).

Il semble donc qu'on est en droit, comme l'ont fait les savants commentateurs du *Journal du sire de Gouberville*, de conclure de ces citations que l'art de fabriquer l'eau-de-vie de cidre remonte, en Normandie, à la seconde moitié du xvie siècle et que c'est au seigneur du Mesnil-au-Val que revient l'honneur d'avoir été le premier bouilleur de cru de ce pays. Nous n'oserions toutefois affirmer que les essais de distillation faits par Gilles de Gouberville aient eu autour de lui beaucoup d'imitateurs. Tout porte à croire, au contraire, que les guerres civiles qui survinrent après le règne de Henri II arrêtèrent l'élan qu'il avait donné et empêchèrent l'application au cidre de l'art de tirer l'esprit du vin, de prendre un développement rapide. Mais il est à remarquer que le monopole de la vente des eaux-de-vie de vin accordé par Henri IV à Isaac Bernard dut engager les Normands et les Parisiens à produire eux-mêmes cette précieuse liqueur.

Ceux-ci eurent alors à lutter contre un autre privilège, celui de la corporation des vinaigriers qui leur contestaient le droit de faire de l'eau-de-vie. Trois distillateurs de Paris, Simon Moulin, Jacques Moulin et Philippe Denise, obtinrent contre les jurés vinaigriers un premier arrêt du Conseil d'État, le 7 septembre 1624. Après plusieurs années de procédures dans lesquelles nous remarquons un autre arrêt rendu en leur faveur le 1er février 1631, ils furent enfin admis, le 23 août 1633, à faire la preuve en l'hôtel de Me Claude Le Clerc, conseiller d'État, qu'ils étaient fondés à se dire habiles à fabriquer de l'eau-de-vie aussi bien que leurs adversaires. L'expérience fut faite « en la présence desdits jurez vinaigriers et de Me Jacques Perreau et Gabriel Hardouin de Saint-Jacques, docteur en la Faculté de médecine à Paris ; Paul Chevalier et Simon de Seigneville, maîtres apothicaires, épiciers pour Paris, et Michel Semallé, bourgeois de Paris, à ce commis. » C'est après cette expertise que fut rendu un arrêt définitif du 11 avril 1634. Les distillateurs couronnèrent cette victoire remportée pour la cause de la liberté du travail, en rédigeant les statuts de la nouvelle industrie dont ils voulaient doter la ville de Paris, sous ce titre : « Premiers statuts des distillateurs et faiseurs d'eau-de-

(1) *Journal du sire de Gouberville. Mémoires de la Société des antiquaires de Normandie*, par l'abbé Tollemer, *Journal manuscrit d'un sire de Gouberville et du Mesnil-au-Val*, p. 223, 224.

12

vie » qui furent munis du contre-scel de la chancellerie royale et accompagnés de l'avis du lieutenant civil et du procureur du roi au Châtelet de Paris, le 13 octobre 1634. Les lettres patentes portant confirmation de ces statuts furent rendues par Louis XIII, au mois de janvier 1637. Ces statuts, dont il n'est pas hors de propos de faire connaître la substance, portaient qu'il y aurait deux prud'hommes élus par devant le procureur du roi au Châtelet, pour êtres jurés et gardes dudit métier « lesquels auront puissance de visiter en ladite ville, fauxbourgs et banlieue de Paris, toute distillation d'eau-de-vie et eau forte qui se feront et qui arriveront en ladite ville et fauxbourgs, tant par eau que par terre, même tant ès maisons des maîtres dudit métier qu'autres lieux de cette ville, fauxbourgs et banlieue où ils seront avertis qu'il y aura autres qui voudront entreprendre sur ledit métier, et les contrevenants à ces statuts et abus qui s'en pourraient commettre, faire tous exploits que peuvent faire tous autres jurés d'autre métier de cette ville en cas semblable. »

La corporation des distillateurs était constituée et organisée et faisait elle-même sa police. Elle ne tarda pas, à son tour, à avoir des difficultés avec les chimistes, les droguistes et avec les industriels « qui sans avoir fait serment à justice, prennent la liberté de tenir chez eux des fourneaux et, sous prétexte de médecine, font les eaux-fortes, et autres huiles, esprit et essence.» En conséquence, il fut ordonné par addition aux statuts, rendue exécutoire par arrêt de la Cour des Monnaies, en date du 5 avril 1630, que le métier de distillateur d'eaux-fortes, eaux-de-vie et autres eaux, huiles, essences et esprits, serait juré en la ville et banlieue de Paris et que nul ne pourrait l'exercer s'il n'était affilié à la corporation ; que les gardes-jurés feraient toutes les semaines leurs visites, « tant sur les riches que sur les pauvres», chimistes, alchimistes et autres (1).

L'ancienne communauté des vinaigriers, verjutiers, moutardiers, sauciers, buffetiers de la ville de Paris, dont les statuts remontent à 1394 (2), n'en continua pas moins à compter parmi ses membres des distillateurs et vendeurs d'eau-de-vie. Il en fut de même dans un grand nombre de villes, notamment à Rouen (3).

Vers la fin du XVIIe siècle, dit M. Ouin-Lacroix, quelques cultivateurs de la Normandie entreprirent de tirer l'esprit rectifié du cidre et

(1) *Traité de la Police*, t. III, p. 788, 731.
(2) *Ibid.* p. 434.
(3) Ouin-Lacroix. *Histoire des anciennes Corporations d'arts et métiers et des Confréries religieuses de la capitale de la Normandie*, p. 77.

du poiré. Leurs premiers essais furent imparfaits, mais ayant perfectionné leurs procédés, ils obtinrent une liqueur aussi salubre que celle de l'eau-de-vie de vin. Les vinaigriers d'Alençon tirèrent les premiers avantage de cette découverte qui augmenta le négoce général des eaux-de-vie (1).

Nous sommes heureux de pouvoir compléter les indications trop sommaires données par M. Ouin-Lacroix, dans son *Histoire des anciennes Corporations de la capitale de la Normandie*, au moyen des règlements généraux concernant la levée et la perception des droits sur l'eau-de-vie et des documents conservés aux Archives de l'Orne.

Et d'abord ce n'est pas, comme on l'a vu, vers la fin du XVIIe siècle que l'industrie de la distillation de l'eau-de-vie s'est établie en Normandie. De plus il est certain que les distillateurs s'y constituèrent en corporations dès le règne de Henri IV.

Les statuts du métier de vinaigrier et faiseur d'eau-de-vie de la ville de Rouen, en effet, furent enregistrés au Parlement de Normandie, le 6 novembre 1606. Ces statuts renferment cette clause remarquable :

Nul ne pourra faire vinaigre, aigre, moutarde et eau-de-vie pour vendre, s'il n'est maître dudit métier, sinon les bourgeois qui en pourront faire pour leur usage seulement, sans en pouvoir vendre.

Le privilège des bouilleurs de cru est ici nettement affirmé.

Les distillateurs de Caen adoptèrent les statuts des faiseurs d'eau-de-vie de Rouen et obtinrent du roi Louis XIII des lettres patentes, datées de Fontainebleau, le 2 juillet 1636, en conséquence de l'avis attaché sur le contre-scel desdites lettres et sous le titre ci-dessous :

Création et établissement en ladite ville et faubourgs de Caen de six maîtres jurés du métier de vinaigrier, moutardier et faiseur d'eau-de-vie, établi en pareille jurande et sur le même réglement qu'il étoit en notre ville de Rouen (2).

La corporation des faiseurs d'eau-de-vie d'Alençon est de l'année 1637.

Le 12 janvier 1649, en effet, les statuts des vinaigriers d'Alençon furent représentés par le procureur du roi au baillage qui, après

(1) *Ibid.*, p. 78.
(2) *Recueil des Ordonnances, Edits, Déclarations et Arrests de Sa Majesté sur le fait des aides en Normandie*, Rouen, F. B. Besogne, 1733, in-2, T. II, p. 437.

les avoir examinés, rendit en conséquence, l'ordonnance suivante
pour leur exécution :

Le procureur du roy qui a eu communication des règlements et
statuts du mestier de vinaigrier, homologuez en la jurisdiction de ce
lieu, en date, etc., n'empesche que la visite se fasse quatre fois l'année
sur les vendeurs de vinaigre et moustarde, attendu que ledit vinaigre
peut estre sophistiqué et que la moustarde peut estre aussy composée
de senevé corrompu et gasté (1), en payant auxdits maistres-gardes,
les quatre fois l'année seulement, deux sols par chacune visite, sans
que lesdits gardes puissent estre empeschez de visiter de jour à autre,
en ne prenant aucuns droits. Fait ce 12ᵉ de janvier 1649.

P. LE HAYER.

Ces statuts ne nous sont pas parvenus. Mais nous apprenons
par la mention des pièces visées par le procureur du roi dans une
sentence relative à la réception de Jean Clément qui demandait,
au 25 mai 1687, à être admis au nombre des maîtres du métier
de « vinaigrier, aigrier (2) et faiseur d'eau-de-vie » que leur
rédaction avait été faite à la date du 25 septembre 1637, et que
le temps de l'apprentissage était de trois ans.

Un procès-verbal de réception d'un compagnon du même métier,
du 9 septembre 1658, nous apprend que l'art de la distillation des
eaux-de-vie était connu depuis longtemps à Alençon, mais que
certains apprentis allaient se perfectionner dans les villes de la
Haute-Normandie, notamment au Havre, à Honfleur :

Devant nous Jacques Boullemer, escuyer, sieur de Larrey, conseiller du roy, lieutenant général au bailliage et siège présidial
d'Alençon, ce lundy IXᵉ jour de septembre, l'an mil six cent cinquante-
huit, présence de l'advocat du roy.
Est comparu en personne Phellix Thouairé, compagnon du mestier
d'aisgrier, vinegrier, moustardier et faiseur d'eau-de-vie, demeurant
en cette ville d'Alençon, lequel nous a dit et remonstré que dès son
jeune âge, il a aprins l'exercice dudit mestier ès villes du Havre de
Grâce, Hontefleur, Saint-Pierre-de-Touque et autre meilleure ville de

(1) L'article XII des statuts de la communauté des buffetiers, vinaigriers,
et moutardiers, de la ville de Paris en 1514, porte :
Que aucun maistre dudit mestier ne soit refusant de monstrer auxdits
jurez son moulin où il fait sa moustarde, ensemble le vinaigre et senevé de
quoy il la fait, pour sçavoir si ledit moulin est net pour faire moustarde et
que ledit senevé ne sente le *remeugle* ». (*Traité de la Police*, t. III, p. 436).
Sentir le *remucre* est une expression qui s'est conservée dans le patois
normand.
(2) On ne trouve ce mot, plus souvent écrit *aigrier*, ni dans Littré,
ni dans le *Dictionnaire de Trevoux*, ni dans Godefroy, ni dans La Curne de
Saint-Palaye. Les fermentations acides ou aigres semblent se rapporter à
ce terme. On trouve dans Godefroy, *aigre-vin* pour vinaigre.

ce royaume, desquelles il est de retour en cette ville depuis trois ou quatre ans, en telle sorte que désirant continuer affaire ledit mestier en cette dite ville, il s'estoit retiré par devers Guillaume Bouesse, à présent garde et juré dudict mestier auquel il avoit fait entendre son intention ; et pour y parvenir, avoit en sa présence et des autres maistres cy après desnommez, travaillé et fait espreuve tant de vinegrier, esgrier, moustardier que faiseur d'eau-de-vye, et prins heure à ce jour, pardevant nous, pour estre procédé à sa réception, et nous a requis que tant ledit garde que autre maistre dudit mestier soient appelez pour ainsy le recognoistre : ce qui a esté fait.

Et sont comparus en personnes G. Boesse, garde, Michel Mataux, Marin Mareschal... Et de tous lesquels susdits maistres après avoir prins le serment en tel cas requis, ont dit avoir veu travailler ledit Thouairé dudit mestier et qu'ils le trouvent capable d'estre receu à travailler comme les autres maistres d'icelluy, à la charge de souffrir les visites ordinaires et accoutumées.

Dont nous avons accordé acte, ouy et consentant ledit advocat du roy, et avons reçeu et recepvons ledit Phellix Thouairé, maistre dudit mestier de vinegrier, esgrier, moustardier et faiseur d'eaux-de-vye en cette ville et forbourgs d'Alençon, à luy permis d'y avoir boutique ouverte, compagnons et aprentifs et souffrir les visites ordinaires et accoutumées et de travailler comme les autres maistres dudit mestier, ce qu'il a promis faire, et a fait et presté le serment accoutumé.

BOULLEMER, R. DE CHESNAY, C.-L. LE ROUILLÉ (1).

Il paraît utile de joindre à ce procès-verbal de réception d'un « faiseur d'eau-de-vie » l'acte d'élection des deux maîtres gardes-jurés de la corporation :

Devant nous Jacques de Boullemer, escuier, sieur de Larrey, conseiller du roy, lieutenant-général au bailliage et siège présidial d'Alençon, le lundy quinzième jour de juillet mil six cent soixante-neuf.

Le procureur du roy en ce siège nous a dit et remonstré que l'on a coustume de mettre et establir, de trois ans en trois ans, deux maistres gardes du mestier de faiseur d'eau-de-vie, aigrier et vinaigrier en cette ville et faubourgs d'Alençon, pour eux faire garder et observer les reigles et statuts dudit mestier, empescher les abus et malversations qui s'y pourroient commettre. Et ayant eu advis que Abraham Guilloré et François Mathaux, à présent gardes et jurés dudit mestier, estoient à terme de leur establissement de maistres-gardes, il les avoit fait assigner à ce jour et heure par devant nous, ensemble les autres maistres dudit mestier, suivant le procès-verbal de Roussetel, huissier, qu'il a requis estre à appeler.

Et sont comparus lesdits François Mathaux, garde, Nicolas Bouesse, Marin Mareschal le jeune, Michel Mataux et René Vilhastel, en

(1) Archives de l'Orne, série B. Bailliage d'Alençon. Procès-verbaux de réception dans les corporations.

personnes, et Pierre Guincron, par sa femme en personne, et à l'esgard
de Pierre Saillant et François Mauger ont esté mis en deffault, pour
leur non comparence, nonobstant lequel et après avoir pris le serment
des austres maistres présents, lesquels ont estés envoyés à part pour
en délibérer, à leur retour, ils ont unanimement nommé lesdits
Michel Mathaux et René Vilhastel pour maistres-gardes.

Le procès-verbal de l'élection triennale qui suivit celle-ci, en
1672, nous apprend que la corporation comptait alors dix-sept
membres. Elle s'était même organisée en confrérie ayant son
siège en l'église de Saint-Léonard d'Alençon et s'était placée sous
le patronage de saint Sébastien. A leur réception, les nouveaux maitres devaient acquitter une somme de 10 livres « pour
faire le service des jour et feste de saint Sébastien ». Un repas de
corps suivait ordinairement la cérémonie.

L'extension qu'avait prise cette industrie détermina le cardinal
de Mazarin à soumettre les eaux-de-vie aux droits connus sous le
nom de quatrième et de huitième, dont nous avons parlé plus
haut. C'est ce qui fut fait par les arrêts du Conseil des 28 mai et
6 novembre 1659. Ces droits étaient établis sur l'eau-de-vie en détail
qui déjà avait pris de l'importance. Les *brandeviniers* et *placiers*
ou *porte-cols* qui vendaient de l'eau-de-vie au regrat, dans les rues
et dans les carrefours de Paris sont mentionnés dans un arrêt du
Parlement de 1676. Le *Dictionnaire de Trévoux* nous apprend,
en effet, que dès lors les artisans et les journaliers commençaient
ordinairement la journée par boire le *brandevin.*

L'eau-de-vie fut ensuite assujettie aux droits de gros, ou
vingtième de la valeur et augmentation, par arrêt du
25 décembre 1665 et enfin à celui de subvention à l'entrée des
villes et à l'entrée du royaume, par l'ordonnance du mois de
juin 1680, dont les dispositions furent encore étendues par l'édit
de décembre 1686.

Pour la Normandie et la Bretagne, les bouilleurs de cru étaient
à l'origine exempts du droit annuel auquel étaient sujets, sans
exception, tous ceux qui convertissaient du vin en eau-de-vie,
sans distinction de provenance. Ce droit n'était d'ailleurs pas dû
pour la fabrication de l'eau-de-vie de vin lorsque la quantité
fabriquée n'excédait pas un demi-muid (1).

L'auteur du *Traité général des Droits d'aides*, dédié à M. de
Lamoignon de Malesherbes, auquel nous empruntons ces rensei-

(1) Le Febvre de la Bellande, *Traité général des Droits d'aides*,
art. 1372, 1373.

gnements, va plus loin et soutient même au sujet des droits sur l'eau-de-vie de vin, une thèse directement contraire aux prétentions du fisc, qu'il n'est peut-être pas inutile de rappeler :

Il paraltroit que celui qui ne convertit en eau-de-vie que le vin de son cru ne devroit point être sujet à l'annuel pour la fabrication ou la vente de cette eau-de-vie, puisqu'il n'y auroit pas été sujet pour la vente du vin avec lequel elle est composée ; et cette question a même été portée plus d'une fois dans les tribunaux supérieurs. Mais l'esprit des règlements qui y ont été rendus a toujours été que les boissons du cru, une fois dénaturées, ne sont plus reconnoissables ; que nombre d'abus qu'on ne pourroit éviter seroient la suite de cette tolérance ; que d'ailleurs il est dangereux de donner un trop libre cours, dans l'intérieur du royaume, au commerce de l'eau-de-vie qui y est consommée, parce qu'il porte un préjudice considérable à celui du vin qui mérite plus de faveur ; et qu'enfin, de tout temps, cette liqueur a été considérée comme une de ces choses qui ne sont point essentielles à la vie, dont même un usage immodéré deviendroit pernicieux et sur lesquelles, par conséquent, on ne peut trop rejeter le poids des impositions (1).

La jurisprudence en matière fiscale ayant varié sans cesse, il paraît utile de donner un résumé chronologique des principales décisions rendues au sujet de la fabrication et du commerce de l'eau-de-vie.

L'ordonnance de 1680 sur le fait des Aides (titre XXVI), établissait une différence énorme entre les différentes villes pour les droits de consommation et de passe-debout. Les droits dits de pour cent sols et d'augmentation avaient été fixés à 6 livres 15 sols chaque muid d'eau-de-vie, mesure de Paris, dans les villes de Rouen, Le Havre et Dieppe (Art. I). Les droits de gros, de détail et d'augmentation sur l'eau-de-vie y étaient levés à raison de 26 livres par muid entrant dans les villes de Rouen et de Caen pour y être consommée ou façonnée (art. 2). Dans les autres lieux du ressort de la Cour des Aides de Normandie, le droit de quatrième, réduit au cinquième, était levé sur l'eau-de-vie vendue au détail, à raison de 5 livres 8 sous par muid, y compris le droit de subvention, qui cependant n'était payé à l'entrée que dans les lieux sujets à la subvention sur le vin (art. 3). Quant aux petits débitants qui, ayant acheté de l'eau-de-vie à pot et à pinte, la revendaient à porte-col ou au coin des rues, à petites mesures, le roi avait défendu de rien exiger d'eux, sinon 4 ou 6 deniers au plus, à peine de concussion (art. 4).

(1) *Ibib.*, art. 1367.

En vertu de la même ordonnance, tous les vendant eau-de-vie étaient assujettis aux exercices des commis, à la marque, à la *rouanne* (1) (art. 5). Les commerçants du Havre étaient enfin sujets aux droits de 18 deniers par pot d'eau-de-vie, fixés à 12 livres par muid (art. 7), et ceux de Dieppe aux droits de subsistance sur l'eau-de-vie, consistant en 30 sous par barrique, revenant à 40 sous par muid (art. 8).

La condition des habitants des grandes villes, comme on le voit, devint de plus en plus dure. Un arrêt de la Cour des Aides de Rouen, du 5 décembre 1680, enjoignit même à tous les habitants de cette ville de déclarer au plus prochain bureau la quantité des boissons de leur cru qu'ils avaient façonnées, avant de les enlever du pressoir, de faire la déclaration de toute celle qu'ils feraient entrer et de payer les droits. Notons encore, à la date du 16 juin 1682, un arrêt de la Cour des Aides qui ne permettait aux habitants de Lisieux de se servir, pour le transport des boissons, de barils de trente pots, que pendant six mois de l'année, dans la saison de l'hiver, à la charge de les faire étamper par les commis, et qui autorisait ceux-ci à donner des assignations en conséquence de leurs procès-verbaux. Le 18 juillet suivant, un arrêt du Conseil priva les bourgeois de Rouen de l'exemption des droits du gros à l'entrée, lorsqu'ils ne feraient pas exploiter leurs héritages et brasser leurs boissons à leurs frais ou par leurs mains.

Au mois de décembre 1686, intervint un édit qui ordonnait que le droit de quatrième serait levé en entier, avec les augmentations sur l'eau-de-vie vendue en détail, même dans les villes du Havre et de Dieppe, excepté Rouen et Caen, et fit défense de tenir aucun magasin ou entrepôt d'eau-de-vie dans les trois lieues de ces villes, à peine de 3,000 livres d'amende. Par le même édit, les marchands d'eau-de-vie, en gros et en détail, furent assujettis au droit annuel. Enfin, un arrêt du Conseil, du 18 février 1687, permit la levée des droits de la subvention à l'entrée et de subvention à la consommation sur les eaux-de-vie, outre les 26 livres de fixation pour le gros et le détail, dans les villes de Rouen et de Caen ; et un autre arrêt du 1er mars suivant défendit aux vendant eaux-de-vie de tenir des ateliers et chaudières pour bouillir de l'eau-de-vie pendant le temps de leur débit et leur ordonna de souffrir les visites, nonobstant leurs abonnements.

(1) Instrument en forme de tarière pour marquer les tonneaux.

Malgré les impôts dont cette boisson était frappée, la consommation continuait à augmenter, et l'appât du gain avait fait imaginer un moyen commode de s'exempter de la moitié des droits. L'artifice consistait simplement à introduire en ville des esprits-de-vin et des eaux-de-vie d'un degré supérieur que l'on réduisait ensuite au moyen d'une addition d'eau. C'est ce qui donna lieu à la déclaration du 9 décembre 1687, dans laquelle le roi signale « le trop grand usage des eaux-de-vie », comme n'étant pas moins préjudiciable à ses sujets qu'aux droits de ses fermes générales.

Les droits de jauge et de courtage furent établis ou rétablis dans toute la province de Normandie par les déclarations du 19 octobre et du 31 décembre 1683 et furent dès lors exigibles outre les droits de subvention et de détail.

Malgré toutes ces précautions, le fermier des Aides de la Généralité de Caen, nommé Silvain Brechet, s'apercevait que la régie du droit du quatrième denier sur les boissons ne rendait pas en proportion du produit du pays. Il demanda alors à être autorisé à faire, quatre fois par an, le recensement des boissons que les habitants des villes et bourgs de cette généralité, et ceux du plat pays y faisaient entrer pour leurs provisions. Cette prétention nouvelle, quelque exorbitante qu'elle parût, fut convertie en loi par arrêt du Conseil et lettres patentes des 12 décembre 1690 et 9 janvier 1691. L'intendant d'Alençon, M. de Pommereu de la Bretesche, fit rendre à son tour, le 13 juin 1691, un arrêt du Conseil qui, sans s'arrêter à une sentence des élus de Domfront, condamna les nommés Huet et Louvet, habitants de la paroisse de Saint-Front, à payer à Adrien Navarre, sous-fermier des Aides de la Généralité, les droits de subvention, anciens et nouveaux, cinq sols, jauge et courtage, ainsi que tous les autres habitants de la ville et banlieue de Domfront.

La déclaration du 26 janvier 1692 est une de celles qui intéressent le plus directement nos bouilleurs de cru :

Nous avons été informés, dit le roi, que quelques particuliers, bouilleurs d'eaux-de-vie et marchands en gros de notre province de Normandie, ont fait refus de satisfaire au contenu auxdites déclarations ; les uns prenant pour prétexte l'article 3 du titre IX, du droit annuel, de l'ordonnance sur les Aides pour la Normandie du mois de juin 1680, par lequel nous avons permis à nos sujets de vendre, en gros ou en détail, le vin et autres boissons provenant des héritages qu'ils exploitent par leurs mains, dont ils sont propriétaires, usufruitiers ou preneurs à longues années sans païer le droit annuel ;

13

prétendant par ce moïen que les eaux-de-vie provenant des fruits de
leur cru ou des héritages qu'ils tiennent à ferme en doivent pareille-
ment être exemtes ; et les autres sur le fondement que l'eau-de-vie qui
se façonne dans les villages du plat-païs ne devant aucuns droits, ne
peut être, par conséquent, sujete à la visite et marque des commis qui
ne sont établis que pour assurer le païement desdits droits et empêcher
les fraudes.

Ce qui auroit depuis peu de tems formé des contestations entre nos
fermiers et les bouilleurs et marchands d'eau-de-vie en gros, lesquelles
aïant été portées en diférentes élections de la dite province, y auroient
été jugées diféremment ; et même notre Cour des Aides de Rouen, sur
l'apel d'une sentence des élus d'Argentan, du 7 février 1689, qui
avoient déchargé le nommé Gondouin, marchand, bouilleur d'eau-de-vie,
de la paroisse de Heurtevent (1), de l'action intentée contre lui par le
fermier des Aides de la dite élection, pour l'obliger à soufrir la visite
et marque de ses commis et de faire la déclaration des eaux-de-vie
qu'il brasse ou qu'il vend en gros...

A ces causes... nous avons dit, déclaré et ordonné... qu'à l'avenir
tous marchands et bouilleurs d'eau-de-vie, qui en font commerce en
gros, soient tenus de païer le droit annuel, à raison de 8 livres par
chacun an, dans les villes, et de 6 livres 10 sols dans les autres lieux, sans
distinction de l'eau-de-vie qui sera faite des fruits provenant de leurs
héritages, de leurs fermes ou de ceux qu'ils achèteront ; de faire leurs
déclarations aux bureaux de nos fermes avant de les brasser et de
mettre le feu à leurs chaudières et de soufrir la visite et la marque des
commis, aïans serment en justice, toutefois et quantes, à peine de
confiscation desdites eaux-de-vie et de 500 livres d'amende.

Désormais le fisc avait l'œil sur nos bouilleurs de cru. Ceux-ci,
pour se soustraire aux droits, avaient imaginé de transporter leurs
eaux-de-vie dans des petits barils de 20, de 15 et même de
10 pots. Par ce moyen, lisons-nous dans la déclaration du
6 janvier 1693, « tous lesdits bouilleurs et marchands distribuent
toute leur eau-de-vie et en fournissent le public ; en sorte que nos
fermiers se trouvent frustrés de nos droits de détail sur la
meilleure partie de l'eau-de-vie qui se vend et consomme dans
ladite province où lesdits bouilleurs et marchands sont les seuls
qui en font le commerce ». En conséquence, il fut ordonné que,
dans la province de Normandie, la vente en gros de l'eau-de-vie
ne pourrait se faire en des barils de moins de 30 pots et que les
bouilleurs, avant de les sortir de leur cave, seraient tenus d'en
faire la déclaration et de prendre un congé de remuage. La vente
en barils au-dessous de 30 pots fut assimilée à la vente en détail
et soumise aux droits de détail. Il fut en outre défendu aux

_____

(1) Heurtevent, canton de Livarot (Calvados), sur la rive gauche de la Vie,
autrefois dépendant de l'élection et de la vicomté d'Argentan, et de la sergen-
terie de Montpinson.

débitants d'avoir chez eux ou à leurs étalages des eaux-de-vie en bouteilles, pots, pintes, cruches ou autres vaisseaux, sous prétexte d'être servie plus commodément aux buveurs. Cette décision est mentionnée dans un arrêt de la Cour des Aides du 14 août 1699, à l'occasion de la saisie faite au nom de Robert Delamare, fernuer des Aides de la Généralité d'Alençon, d'un *setier d'étain à moitié plein d'eau-de-vie*, chez Charles de Valframbert et Madeleine Mercier, sa femme, brasseurs d'eau-de-vie à Alençon.

La même année, une marchande d'eau-de-vie en détail, à Laval, Anne Richard, veuve Beaugendre, se vit condamnée à la saisie d'une bouteille de terre contenant une pinte, de deux petits pots d'étain et de cinq tasses de faïence, étalés sur des boutiques, au coin des rues, et offerts aux passants, suivant un usage établi, et en outre à l'amende et aux frais. Le 20 décembre 1702, ce fut le tour de François Bourdon et de sa femme, cabaretiers d'eau-de-vie au bourg de Mortrée (1), chez qui on avait trouvé un *démion* dissimulé sous une dalle, quoiqu'il prétendit que faisant tous les jours un débit considérable d'eau-de-vie, il voulait seulement, par là, s'éviter la peine d'aller à chaque instant en tirer à sa cave.

Ces détails montrent quels progrès rapides la consommation de l'eau-de-vie avait fait dans toutes les provinces et jusque dans de simples bourgades comme Mortrée qui, à cette époque, n'était même pas érigé en paroisse. Tout le monde alors voulut se mêler de faire ce commerce. En 1699, l'adjudicataire général des fermes, à Rouen, avait prétendu lui-même en prendre la meilleure part, mais la corporation des vinaigriers et faiseurs d'eau-de-vie réclama et obtint, en partie, gain de cause (2). La même année, les brasseurs d'eau-de-vie d'Alençon, représentés par Ch. de Valframbert et Abraham Tribourt, furent maintenus dans la faculté d'y brasser de l'eau-de-vie, à l'exclusion de tous autres, contre les prétentions du sous-fermier des Aides et de ses commis, qui se disaient autorisés à exercer la même industrie. Mais il fut permis

---

(1) Mortrée, chef-lieu de canton de l'arrondissement d'Argentan (Orne), a été érigé en commune par la loi du 6 brumaire, an II, aux dépens des anciennes paroisses et municipalités d'O, de Marigny, district d'Argentan, et de Byar, district d'Alençon, supprimées par la même loi. Ce bourg doit son origine au passage de la grande route d'Argentan à Sées.

(2) Onin-Lacroixe, *Ibid.*, p. 77. — La fabrication de l'eau-de-vie fut interdite aux commis, mais non le commerce, et par arrêt de la Cour des Aides de Rouen, du 13 mai 1712, ils furent même dispensés des visites des aides de la corporation des vinaigriers.

au sous-fermier et à ses commis d'en faire librement le commerce. En 1703, les vinaigriers et faiseurs d'eau-de-vie de Caen, constitués en corporation dont les statuts avaient été enregistrés au Parlement le 6 novembre 1606, eurent aussi leur procès contre Pierre Vauthier, fermier des Aides, qui mettait des entraves dans leur commerce. Malheureusement pour elle, la corporation fut cette fois encore battue par le fisc, quoique soutenue par les magistrats de l'élection, et comme à Alençon, le fermier des Aides et ses commis furent, en outre, autorisés à faire le commerce de l'eau-de-vie de cidre ou de vin, et, il fallut une nouvelle instance pour leur faire interdire le commerce de l'eau-de-vie de cidre. Ils furent alors autorisés à faire vendre et débiter les eaux-de-vie qu'ils tiraient de Cognac et de la Rochelle (1). Ce privilège excessif que rien ne justifiait ouvrait évidemment la porte à tous les abus.

Malgré cette concurrence abusive et déloyale la corporation des faiseurs d'eau-de-vie était devenue si prospère, qu'à Rouen, en 1707, elle ne comptait pas moins de deux cents membres qui, par leurs droits et leur capitation, ne produisaient pas moins de 20,000 livres par an au trésor (2).

De leur côté, les bouilleurs de cru du pays d'Auge tenaient tête au fermier des Aides à Caen, soutenus par les officiers de l'élection de Pont-l'Evêque, et refusaient de payer le droit annuel ordonné par la déclaration de 1692, comme marchands en gros. Les opposants, mentionnés dans un arrêt du Conseil, du 19 avril 1707, sont les suivants : Pierre Thierry, archer de la Prévoté générale de Normandie; Robert Lecomte, prêtre, curé de la paroisse de Repentigny (3) ; Jean Legrip, Claude Fleury, Guillaume Collet-Descour, Jean-Auguste Martin, Louise-Marie Viel, veuve de François Becquet.

Ils fondaient leur opposition sur ce que le droit annuel n'est régulièrement dû que par les taverniers et cabaretiers ordinaires, ou du moins que pour y être sujet, il faut être marchand et bouilleur d'eau-de-vie conjointement, par une profession annuelle et continuelle, ce qui était bien différent de leurs états et qualités, puisqu'ils ne convertissaient que le superflu de leurs boissons en eau-de-vie qu'ils vendaient en gros, comme ils pourraient faire leurs boissons sans être obligés de payer aucun annuel.

(1) Lefebvre de la Bellande, *Ibid*, p. 374.
(2) Ouin-Lacroix, *Ibid*, p. 76.
(3) Canton de Cambremer (Calvados).

Pour répondre à l'opposition des bouilleurs de cru des environs de Pont-l'Évêque, opposition d'autant plus sérieuse quelle était soutenue par des propriétaires ayant une certaine situation, et qu'elle était appuyée par tous les habitants des autres généralités, Delamare, fermier des Aides de la Généralité de Caen, s'adjoignit Jean Dussaussoy, Vincent Delarue et Jean Lambert, nouveaux fermiers des Aides des Généralités de Rouen, Caen et Alençon. Les opposants furent battus et condamnés, ainsi que « tous les autres particuliers qui façonneront des eaux-de-vie, de payer le droit annuel en gros, suivant qu'il est réglé par la déclaration du 26 janvier 1792, soit que les boissons qu'ils convertiront en eau-de-vie soient du cru de leurs héritages ou déchet, comme aussi de faire leurs déclarations aux bureaux des Aides, avant de brasser lesdites eaux-de-vie et de mettre le feu à leurs chaudières et de souffrir la visite des commis, etc. »

En 1710, nous constatons deux actes de rébellion contre les commis aux Aides, à Bellème et à Neuve-Lire, élection de Conches, qui entraînèrent six condamnations aux galères pour neuf ans, plus condamnation de la femme Lalouette à être battue nue de verges par l'exécuteur, aux carrefours et lieux accoutumés, avec bannissement de plusieurs autres de leurs complices.

La même année, une enquête fut commencée en vertu d'un arrêt du Conseil du 3 septembre 1710, sur la fabrication des eaux-de-vie, qui dès cette époque, était l'objet de toutes sortes de fraudes. Les eaux-de vie qu'on tirait des sirops, mélasses, grains, bières, lies, baissières, marcs de raisins, hydromels, cidres, poirés et autres matières furent soumises à l'examen des intendants des Généralités, des lieutenants-généraux de police, des maires, échevins, juges-consuls et principaux négociants des villes. Le résultat de cette enquête transmis au Conseil fut une interdiction générale de la fabrication de ces produits d'origine suspecte, ou provenant de matières avariées, comme étant de nature à nuire à la réputation des eaux-de-vie françaises et de plus comme si préjudiciables au corps humain qu'il était indispensable d'en interdire l'usage au peuple.

Cette observation est à noter. Mais il fut reconnu en même temps « que les eaux-de-vie de cidre et de poiré n'ayant rien de nuisible pour ceux qui sont accoutumés à en user, pourraient être permises dans les provinces de Normandie et de Bretagne, à l'exception de l'évêché de Nantes, et ce avec d'autant plus de raison, comme le déclarait l'arrêt du Conseil, « qu'un des principaux revenus de ces deux provinces provient des arbres fruitiers qui y croissent en abondance, mais que lesdites eaux-de-vie doivent être au contraire défendues dans toutes les autres provinces, par la crainte du mélange frauduleux qui pourroit en être fait avec celle de vin. » Cette décision fut consignée dans une déclaration du roi, du 24 janvier 1713.

Malheureusement, la sollicitude de l'administration ne s'arrêta pas là, et elle alla jusqu'à contrôler la quantité d'eau-de-vie que les particuliers faisaient entrer chez eux, pour savoir si elle excédait oui ou non la consommation qu'ils en pouvaient raisonnablement faire. C'est ce qui donna lieu à l'arrêt du Conseil du 24 février 1728, dans lequel il est dit que les règlements rendus sur cette matière ont eu tous « pour objet principal de favoriser le commerce des eaux-de-vie hors le royaume et d'en empêcher la grande consommation au dedans » et de soumettre, en conséquence, au paiement des droits d'Aides en entier, ceux qui convertissent en eau-de-vie les boissons du cru de leurs héritages ou fermes, aussi bien que les bouilleurs de profession, les ayant également assujettis aux visites et exercices, aux mêmes formalités et au paiement du droit annuel. En conséquence, les particuliers reconnus comme ayant fait arriver chez eux « pour leur consommation particulière une quantité excédant la consommation qu'ils peuvent raisonnablement faire, eu égard à leur état, qualité et profession », furent assujettis au droit de détail.

On voit à quelles mesures vexatoires et à quel régime arbitraire non-seulement les bouilleurs de cru, mais même les simples consommateurs furent dès lors condamnés. Mais cette marche progressive était dans la logique des choses. La même année, en effet, un autre arrêt du Conseil obligea les particuliers à faire avant le brassage de leurs cidres et poirés la déclaration de la quantité de pommes et de poires qu'ils comptaient y employer.

Les lettres patentes du 24 août 1728 vont plus loin, et la guerre engagée par le fisc contre les producteurs de l'eau-de-vie y prend un caractère aigu. On y déclare formellement que le gouvernement ne les a jamais vu d'un bon œil et que c'est pour cela qu'il a voulu traiter sur le même pied les bouilleurs de cru et les faiseurs d'eau-de-vie de profession. Malgré tout cela, y fait-on dire au roi, et « nonobstant toutes ces dispositions, la consommation des eaux-de-vie a augmenté si considérablement qu'elle cause un préjudice notable à celle du vin. » La conclusion de ces terribles considérants est l'assujettissement, sans exception, de tous les bouilleurs d'eau-de-vie, quelles que soient leur qualité ou condition, quelle que soit la provenance des fruits, au paiement du droit de détail pour les eaux-de-vie trouvées consommées chez eux à la déduction d'un muid pour vingt-et-un muids pour les coulages et remplages, avec d'autres dispositions sur la vente en gros et la vente en détail.

Il est impossible d'entrer dans l'analyse des décisions complémentaires ou particulières que nécessita l'exécution de ces règlements. Les difficultés qui en résultèrent furent nombreuses et ne cessèrent d'augmenter jusqu'à l'époque de la Révolution. Pour rendre ces réclamations moins fréquentes, le jugement en fut déféré aux intendants.

Mais tandis que chez nous la production nationale était traitée avec tant de rigueur par le fisc, les Espagnols avaient réussi à faire entrer en France et jusqu'en Normandie, les eaux-de-vie de leur fabrication (1). C'est pour combattre cette concurrence que fut rendu l'arrêt du Conseil du 21 juillet 1784, qui permettait de fabriquer des eaux-de-vie de qualité médiocre et des alcools avec du marc, des lies et autres résidus et qui affranchissait des droits de traitte ces produits, de même que toutes les eaux-de-vie, en général, destinées à l'exportation.

La Cour des Aides de Normandie rendit cependant, en 1764 (27 juillet), un arrêt important en faveur des bouilleurs de cru et des marchands d'eau-de-vie du ressort, contre les fermiers généraux et leurs préposés. On y déclare même que le commerce d'eau-de-vie auquel le fermier général se livrait par privilège « est un abus, contraire à l'ordre public et comme une source de vexations envers ceux qui, par leur concurrence ou le refus qu'ils font de se prêter à ses vues excitent sa jalousie et retardent l'exécution du projet qu'il semble avoir conçu de s'attribuer exclusivement cette branche de commerce. » Cet arrêt avait été provoqué par les observations présentées par la Société d'Agriculture de Rouen. Voici un extrait de cet arrêt :

L'existence de ces abus s'est encore confirmée par des preuves qui sont particulières à la Cour, puisqu'elles résultent de différents

(1) « Tous les marchés de l'Europe s'en fournissent, quoi qu'elles soient encore d'une qualité inférieure aux eaux-de-vie de France. Nos provinces septentrionales, même la Picardie et la Normandie en reçoivent des approvisionnements considérables qui arrivent jusqu'à Paris ; et cette préférence vient de ce que la qualité inférieure de ces eaux-de-vie est rachetée par la médiocrité de leur prix. » Encyclopédie méthodique. Finances, 1783, t. II, p. 6.

procès qu'elle a jugé depuis peu, notamment de celui du curé de
Plasnes (1), sur lequel, au rapport du sieur Maillet du Boulloy, elle a
donné un règlement tendant à simplifier les formalités à observer par
les bouilleurs lors de leurs déclarations et à empêcher que le fermier
ne s'en serve pour gêner ceux de ces mêmes fabriquants qui ne lui
seroient pas agréables. Quelle a encore retrouvé les mêmes abus dans
un procès jugé à l'audience du 24 de ce mois, dans lequel elle a
confirmé la sentence des premiers juges qui condamne le fermier en
deux cent livres de dommages et intérêts envers un marchand d'eau-
de-vie, pour avoir affecté de différer de lui délivrer ses certificats de
décharge, avoir par les délais interrompu son commerce, l'avoir enfin
forcé de l'abandonner...

Les entraves que les droits et les formalités de toute espèce imposent
au commerce ne sont-elles pas déjà assez gênantes ? Les précautions
pour la conservation des droits cédés au fermier ne sont-elles pas
assez multipliées ? Lui convient-il encore d'envier à de misérables
colons et à des marchands, les fruits d'une industrie resserrée dans
des bornes si étroites ?

Cet arrêt, fortement motivé, qui fit disparaître un abus criant,
ne rendit pas les commis des fermes générales et des Aides
moins odieux aux producteurs et aux consommateurs. La Cour
des Aides dut même rendre, le 20 juin 1783, un arrêt pour les
placer sous sa protection. Elle renouvela les dispositions de
l'arrêt du Conseil d'Etat du 7 janvier 1640, qui avait interdit de
se servir pour les désigner, des termes injurieux de *monopoliers*,
galleteurs, *maltotiers*, et de son arrêt du 27 mai 1716, rendu
pour empêcher le débit et la publication à haute voix, en plein
cabaret, de libellés diffamatoires contre les commis, notamment
du *Catéchisme des Maltotiers*, et de l'arrêt du Conseil du
15 mai 1725, défendant de crier haro sur les commis. En conséquence, il fut de nouveau fait très expresses inhibitions « à toutes
personnes de quelque qualité et condition qu'elles fussent de
méfaire ni médire aux commis et employés dans les fermes ou
régies de Sa Majesté, à peine de cinq cents livres d'amende et de
punition corporelle », de faire aucun attroupement ou acte tendant à exciter une sédition « sous peine de la vie. »

Nous devons constater néanmoins que, par la force des
choses, au milieu de toutes ces difficultés, la production de
l'eau-de-vie n'avait pas cessé d'augmenter.

C'est ainsi que la *Société royale d'Agriculture de la généralité
d'Alençon*, dans le Questionnaire qu'elle publia en 1763 sur la

(1) Plasnes, canton de Bernay (Eure), autrefois de l'élection de Bernay et
de là généralité d'Alençon.

Culture des Pommiers et sur les Produits qu'on en peut tirer, n'omit pas de faire mention de la Fabrication des Eaux-de-vie et en fit l'objet d'un article :

ART. 29. — Dans les années où le cidre est trop abondant et où ne pouvant s'en défaire, on est contraint de le brûler pour en faire de l'eau-de-vie, quels cidres sont les plus propres à cette opération et quelle est la qualité des eaux-de-vie qui en proviennent ?

En quoi diffèrent-elles des eaux-de-vie de vin ?

Est-il des moyens de les perfectionner ?

Doit-on les garder quelque temps avant de les boire ?

Dépérissent-elles si on veut les garder ne pouvant les vendre ?

Il serait bien intéressant de connaître les réponses qui furent faites à ce Questionnaire. Malheureusement, les registres et procès-verbaux de cette Société ne nous sont pas parvenus, et quelques fragments seulement de la correspondance avec l'intendant, existent aux Archives de l'Orne, série C, où nous avons trouvé ce Questionnaire en blanc.

Il nous faut mentionner, au moins pour mémoire, l'édit du mois d'avril 1775, qui avait réduit le nombre des communautés d'arts et métiers de la Normandie, suivant l'importance des villes. A Rouen, le nombre des corporations avait été fixé à trente-sept et les vinaigriers, cafetiers et limonadiers étaient placés dans la dix-huitième classe. La ville de Caen avait trente-quatre corporations parmi lesquelles les vinaigriers occupaient le quinzième rang. A Alençon et à Bayeux, les corps de métiers étaient au nombre de vingt-huit et les vinaigriers étaient dans la quatorzième classe. Il en était de même dans les autres villes de la Normandie où les droits de réception étaient seulement moins forts.

Quant aux bouilleurs, leur nombre avait tellement augmenté, qu'en 1789, dans le département de l'Orne, on comptait deux cent treize *brûleurs d'eau-de-vie*, tandis qu'en l'an IX, le nombre n'était plus que de 211. La production de l'eau-de-vie était alors considérée comme une des principales ressources du pays (1).

Il ne faut pas s'étonner si, en raison de ces divers motifs, en 1789, les Cahiers de doléances (2) sont unanimes à demander la suppression des droits d'Aides, proposée quelques années auparavant par le contrôleur général des finances lui-même. Ce

(1) La Magdelaine, *Mémoire statistique du département de l'Orne*, 14.

(2) V. notamment *Cahiers des Doléances des villes, bourgs et paroisses du bailliage d'Alençon en 1785*, par Louis Duval, Alençon, 1887, in-8°.

14

vœu, on le trouve reproduit dans les cahiers des plus petites
paroisses :

Qu'on supprime les employés aux Gabelles et aux Aides. L'infidé-
lité de ces hommes, souvent sans aveu et toujours intéressés à
trouver quelque prétexte de fraude, fait éprouver aux peuples les plus
grands inconvénients, les met sans cesse dans la perplexité, et fait
souvent subir des peines infamantes à des innocents, par la perni-
cieuse conséquence d'une attestation de deux hommes aux gages du
fermier général (GANDELAIN).

Que le nombre des employés des Aides soit diminué, et, par cette
raison, les produits de l'impôt seront bien plus considérables au profit
de Sa Majesté. (COURTOMER).

Que tous les droits d'Aides, de subvention, de péage, de rivières et
autres soient entièrement abolis. (CONDÉ-LE-BUTOR).

Le Tiers-Etat a droit de se plaindre des Aides et droits multipliés
y réunis. Tous ces droits ont été sans doute établis sans le concours
et le vœu de la nation ; ils attentent à la liberté publique et au
commerce ; la régie et la perception en sont embarrassantes et très
dispendieuses. (COLOMBIER).

L'impôt énorme sur les boissons fait un tort considérable aux
paroisses qui en font leur principal commerce. (BURSARD).

Les barbares expressions de la régie des Aides : bû, trop bû, nappe,
jeauge, rouane, etc., seraient à jamais supprimées du vocabulaire
français... La France serait délivrée de cette armée de commis qui, le
glaive à la main, parcourent les différentes provinces, font de chaque
ville particulière une prison, pénètrent dans les foyers du paisible
citoyen, gênent le travail, déconcertent l'industrie, anéantissent les
manufactures, troublent le sommeil, le premier bien de l'artisan, et
font d'une famille de frères deux peuples ennemis, en perpétuant la
guerre au sein de la paix. (SÉES).

Quelle disgrâce n'éprouve-t-on pas de voir entrer chez soi des
employés, y faire des perquisitions, marquer vos boissons, souvent
injustement ? Et que d'autres leur succédant trouvent la lique ou au-
dessus de la marque des premières ? ils font un procès... Qu'une
personne charitable veuille secourir un pauvre, il ne peut lui donner
ni vin, ni cidre, ni eau-de-vie sans s'exposer à un procès. (LE MERLE-
RAULT.)

Aussi, lorsque toutes les digues eurent été rompues, après la
prise de la Bastille, le flot populaire se porta d'abord directement
sur les bureaux des Aides ; on détruisit de fond en comble toutes
les barrières de Paris, l'on cessa de payer les droits sur les
boissons et la province ne tarda pas à imiter la capitale. Dans la
nuit du 13 juillet, le peuple d'Argentan s'empara du bureau des
Aides et brûla les registres du receveur. On en fit autant à
Falaise. A Mortrée, bourg entre Argentan et Sées, le bureau des
Aides fut également forcé et le maître de poste, aidé de ses

postillons se mit à la tête de l'émeute. A Laigle, non-seulement les registres des Aides furent brûlés, mais la maison du receveur fut pillée et détruite jusque dans ses fondements. Le peuple voulait même y mettre le feu, ce qui aurait fait courir à la ville le risque d'un incendie général. A Alençon même, l'intendant annonçait au Ministre que les barrières allaient être détruites, et de plus s'attendait au pillage des maisons (1).

L'abolition de ces droits odieux fut une nécessité politique pour l'Assemblée constituante qui, malheureusement, ne put trouver aucun moyen de les remplacer. Les ressources indéfinies qu'on avait espéré trouver dans la vente des biens nationaux s'épuisèrent vite, et en 1793, le peuple se vit en proie à une crise sociale telle qu'on n'en avait pas encore vu, à laquelle s'ajoutèrent les horreurs de la famine. Ces circonstances violentes expliquent la pétition qui fut adressée au Comité d'Agriculture et de commerce près la Convention nationale par la Société républicaine de Bernay, le 22 frimaire An II (12 décembre 1793).

Citoyens législateurs,

Depuis quelques années le nombre des chaudières s'est énormément multiplié, surtout dans l'étendue de la ci-devant province de Normandie ; il n'y a guère de communes où le cidre ne soit converti en eau-de-vie ; dans quelques paroisses l'on compte jusqu'à trois ou quatre bouilleurs, de manière que cette branche de commerce utile, l'on en convient, quand elle est renfermée dans des bornes raisonnables, répand une sorte de disette très dangereuse sur le cidre, seule espèce de boisson connue en ce pays, ainsi que sur les bois dont la consommation est immense par la fabrication considérable des eaux-de-vie.

La Société républicaine de Gacé, justement effrayée des effets funestes d'un pareil abus, résultat affligeant du plus pur égoïsme, vous le dénonce, citoyens législateurs, pour le réprimer par une loi sage, qui en circonscrivant cette sorte de négoce, par la réduction des chaudières, donne aux habitants de la ci-devant province de Normandie, les moyens de se procurer le cidre et le bois à un prix raisonnable ; cette demande est d'autant plus fondée et digne de toute votre attention que les denrées d'un usage fréquent et journalier deviennent extrêmement rares et d'une valeur exorbitante.

Salut et Fraternité !

(1) *Éphémérides de la Moyenne, Normandie et du Perche*, en 1785, par Louis Duval, p. 108-114.

108 ESSAI HISTORIQUE

Les membres composant le Bureau de correspondance de la Société républicaine de Gacé.

Signé : DESMARES et P. CH. AZIRE (1).

Ce qui nous paraît à retenir dans cette pétition par laquelle on voit que les sans-culottes de Gacé professaient les principes du plus pur socialisme en matière de liberté industrielle, c'est la constatation du nombre considérable de bouilleurs de cru que renfermait le Pays d'Auge à cette époque. La quantité du cidre qui fut alors convertie en eau-de-vie, dans notre contrée, égale peut-être si elle ne la dépasse pas la production actuelle. Plusieurs causes y contribuaient : la suppression des droits d'Aides, la liberté absolue laissée au producteur de tirer le meilleur parti possible du produit de sa récolte, la difficulté de l'exportation, les conditions déplorables qu'avaient à subir les commerçants obligés de livrer leur marchandise contre des assignats, la crainte des réquisitions, du pillage, etc. Les bouilleurs n'avaient pas d'autre parti à prendre, seulement ils courraient le risque de se voir dénoncés comme accapareurs et mauvais patriotes, comme ils le furent par les sans-culottes de Gacé, et d'autres centres de production de l'eau-de-vie.

A Domfront, les soi-disant amis du peuple prétendirent également faire interdire la fabrication de l'eau-de-vie de cidre, et le 22 ventose an II, firent rendre l'arrêté suivant par l'administration du district :

ARTICLE PREMIER. — Tous les cidres et poires doivent être regardés comme des objets de subsistance et de première nécessité, il est défendu à tout bouilleur dans le ressort du district d'en convertir en eau-de-vie.

ART. 2. — Les municipalités et les comités de surveillance de chaque commune nommeront des commissaires à l'effet de se transporter dans les vingt-quatre heures du jour de la notification du présent chez tous les bouilleurs de leurs communes respectives, se saisiront du chapiteau desdites chaudières et les déposeront dans la maison commune.

ART. 3. — Les mêmes commissaires feront un inventaire exact de tous les cidres, poirés et petits cidres, ainsi que des eaux-de-vie et petite eau, étant chez les bouilleurs.

ART. 4. — Les membres du Conseil général de chaque commune, Comité de surveillance et Commission des subsistances réunis se

(1) Je dois la communication de ce document à M. E. Veuclin, correspondant du ministère de l'Instruction publique et des Beaux-Arts à Bernay, qui en 1877, au Congrès des Sociétés savantes, donna communication d'une note sur les droits des bouilleurs de cru.

formeront en plusieurs divisions à l'effet de constater et de faire
l'inventaire de toutes les boissons et eaux-de-vie étant chez les
laboureurs et propriétaires de chaque commune.

Art. 5. — Les commissaires de chaque division sont chargés de
faire une défense provisoire auxdits propriétaires et cultivateurs de se
dessaisir desdites boissons, et ce jusqu'à ce qu'il en soit arrêté
autrement, d'après les procès-verbaux d'inventaire qui seront remis au
Directoire du district dans les vingt-quatre heures de leur confection.

Pour que rien ne manquât au régime de liberté inauguré par
le district de Domfront en faveur des propriétaires de cidres et
d'eau-de-vie et des bouilleurs de cru, il fut arrêté que le Comité
des subsistances de la Convention serait invité à faire prononcer
la peine à infliger aux contrevenants.

Nos cultivateurs durent se soumettre à ces mesures tyranniques, car toute résistance eût pu avoir pour eux les conséquences
les plus graves. La Terreur, en effet, sévissait avec violence dans
ce district. Mais on constate avec satisfaction qu'au lendemain
même de la chute de Robespierre, clé de voûte de ce régime
qui tendait à faire de la France une Salente où le bourreau aurait
joué le rôle de suprême modérateur, une opposition énergique se
manifesta contre ces lois tyranniques. Le 14 thermidor, en effet,
les citoyens Bertrand-l'Hodiesnière et Mondhare, membres de la
Société populaire de la Carneille, présentèrent au Directoire
du district deux extraits des délibérations de la municipalité de
la Société populaire de ladite commune, dont l'une contenant une
demande pressante de faire rapporter l'arrêté du 22 ventôse,
relatif à l'interdiction absolue de la fabrication de l'eau-de-vie.
L'arrêté qui fut rendu en conséquence, constitua un véritable
recul, mais sous sa forme équivoque laissa encore ouverte la
porte à l'arbitraire et aux dénonciations, double caractère du
régime qui suivit la Terreur. Voici un extrait de cet arrêté :

Considérant que par leur délibération, ils ont eu égard aux temps
disetteux qui les força de retenir les boissons pour faire subsister les
habitants du district et au manquement presque total de fruits, qu'ils
n'ont néanmoins jamais entendu défendre de convertir en eau-de-vie
les cidres qui n'étaient pas propres à boire.

Arrêtent que tous les citoyens du district demeurent autorisés
comme au passé de faire bouillir toute liqueur autre que celles servant
pour les boissons, sans vouloir néanmoins arrêter d'aucune manière
l'industrie et la liberté du commerce, s'en rapportant sur cela au zèle
républicain des habitans du district et à leurs inquiétudes fraternelles
relativement aux besoins de première nécessité et le tout, sauf
l'approbation du Comité de salut public et de la Commission du
commerce. Pourquoi sur autant leur sera envoyé et une autre

expédition remise auxdits commissaires pour être lue et affichée au lieu des séances de la municipalité, Comité de salut public et Société populaire de la Carneille et autres communes du district.

Longtemps après, lorsque le calme fut rendu à la France, les enfants ou les petits-neveux de ces brûleurs d'eau-de-vie retrouvèrent, au fond de leurs caves, la précieuse liqueur conservée dans d'énormes tonnes où elle avait acquis, avec les années, des qualités supérieures qu'on ne lui connaissait pas. Il n'en est pas moins vrai qu'il en fut bu alors énormément dans le pays et aux armées. En cela comme en tout le reste les excès tournèrent en définitive au triomphe de la Révolution. Je trouve à ce sujet dans une publication récente, cette observation qui me paraît fondée (1).

« Nos ancêtres qui étaient de rudes lurons, à en juger par leurs victoires, ne brillaient pas précisément par la sobriété ni par la chasteté. C'étaient de francs buveurs. D'où vient donc que l'alcool ne produisait pas sur eux les effets effrayants qu'il produit sur leurs arrière-petits-fils ? La réponse est facile. En ces temps heureux la chimie n'avait pas fait les progrès réalisés depuis trente ans surtout. On ne se serait jamais avisé d'extraire de l'alcool du riz, des topinambours, voir même du bois, du goudron de houille ou de l'ammoniaque. Celui que l'on buvait, s'il grisait, donnait une ivresse chaude et joyeuse. » Voilà sans doute les bienfaits de la libre fabrication, de ce qu'on appelait encore et avec raison la véritable eau-de-vie.

Mais ces droits qu'on croyait à jamais supprimés avec les autres abus de l'ancien régime, dans lesquels ils figuraient au premier rang, furent rétablis, sans bruit, par la loi de finances de l'an XII, rendue le 5 ventôse (25 février 1804). Ce fut le don de joyeux avènement de l'Empire. Cette loi contient un titre spécial consacré aux distilleries (art LXVI-LXXIII). Le premier de ces articles porte que « nul ne pourra distiller des vins, cidres, poirés, grains, mélasses, cerises, pommes de terre ou autres substances qu'après en avoir fait sa déclaration aux employés préposés à cet effet et avoir obtenu une licence qui ne vaudra que pour l'année. » De plus, l'époque de la fabrication des cidres et poirés fut règlementée dès lors par des arrêtés préfectoraux, et l'enlèvement de boissons inventoriées fut soumis à des formalités compliquées.

(1) La Question des Bouilleurs de cru, Paris, Guillaumin, 1895, in-8° 32 p.

Cette législation rigoureuse fut complétée par le décret impérial du 3 mai 1806, contenant règlement sur les droits réunis. Elle institue les acquits à caution pour l'exportation des vins et eaux-de-vie. Ces droits réunis étaient redevenus si vexatoires à la fin de l'Empire, par suite de la rigueur des employés, que le mot fameux : « Plus de droits réunis ! » prononcé à la rentrée des Bourbons, valut aux princes et particulièrement à Monsieur et au duc de Berry une popularité qui malheureusement fut de courte durée, puisque les nécessités financières de l'époque obligèrent le gouvernement de la Restauration à les rétablir.

Nos bouilleurs de cru ont résisté à tous les régimes. Ils ont tour à tour joui des avantages de la liberté absolue et subi les caprices tyranniques, les exigences et les vexations des agents du fisc. Serait-il vrai que les découvertes de la chimie combinées avec les prétendus progrès des sciences sociales les condamneraient un jour à disparaître ? Nous ne pouvons le croire. Les bouilleurs de cru réclament non pas un privilège, mais l'exercice d'un droit naturel que ni l'ancien régime, ni le despotisme impérial n'ont pu supprimer et qui est fondé sur les conditions mêmes de la production de l'eau-de-vie en Normandie. Comme le rappelait naguère un des hommes qui ont le mieux connu et dépeint la vie et le caractère de nos braves cultivateurs du Bocage normand, M. Jules Tirard, la distillation de l'eau-de-vie, en Normandie, est soumise à des fluctuations, à des intermittences qui n'ont rien de commun avec la production industrielle de l'alcool et surtout avec les exigences du fisc : autorisation préalable, déclaration de la quantité de cidre, de poiré ou de lie à distiller, inventaires, etc. Chez nous, le cultivateur ne « brûle » ses boissons que quand la récolte a excédé la consommation et qu'il n'aurait pu trouver à les vendre qu'à perte. Le vigneron peut attendre deux ou trois ans, le récoltant de cidres est forcé de convertir en eau-de-vie une boisson qu'il ne saurait certainement conserver aussi longtemps. Il se trouve en outre dans la nécessité de rendre libres ses tonneaux pour la récolte suivante.

« Y a-t-il, au contraire, rareté de fruits, le cidre se vend facilement et cher ; on ne soumet alors à l'alambic que celui qui tourne à l'aigre, au gras, ou qui, pour une autre cause, est d'un placement difficile, et c'est à l'eau-de-vie des années précédentes qu'on a recours pour la consommation.

« Autrefois, les boissons étaient consommées sur place ou dans un rayon assez circonscrit et leur prix était fort peu rémunérateur

Au sortir du pressoir, le cidre était vendu six liards ou deux sous le pot (double litre). Quant à l'eau-de-vie, la même quantité se payait *un sou le degré*, c'est-à-dire 25 sous le pot si elle pesait 25 degrés. » L'ouvrier des champs et le petit bourgeois des villes ne reverront plus cet âge d'or.

Aujourd'hui le prix de ces produits a plus que triplé et il en résulte que la récolte des pommes est devenue pour le cultivateur une ressource éventuelle de la plus grande importance et qui lui permet parfois à elle seule d'acquitter le prix de sa ferme. C'est ainsi que la production des cidres s'étant accrue, la plupart des cultivateurs sont devenus forcément des bouilleurs. Le nom de *bouilleur de cru* indique qu'ils ne distillent ordinairement que le produit de leur récolte.

A côté du bouilleur de cru, se trouve le *bouilleur d'eau-de-vie*, industriel rural qui achète les cidres et poirés pour les *passer à la chaudière* et faire le commerce de l'eau-de-vie qu'il en tire. Il y a aussi l'industriel qui n'emploie que les lies et les baissières des tonneaux. Il y a enfin le *brûleur* ambulant qui travaille pour le compte d'autrui et qui se transporte avec sa chaudière et son appareil de village en village, de ferme en ferme.

La distillation comprend, comme on sait, deux opérations ou *chauffes*. La première produit *l'eau blanche*, alcool d'un faible degré, mêlé de cidre encore. L'alcool de la seconde chauffe est pur de tout mélange, et on le tire ordinairement de 22 à 25 degrés.

On estime à plus de cent millions le produit des pommes en France, cidre ou eau-de-vie, dont soixante millions pour la Normandie seulement.

Voici, d'après M. Jules Tirard, la silhouette du brûleur ambulant du Bocage :

Durant la saison de la bouille, par un calme de nuit d'automne, le voyageur attardé aux champs voit parfois un feu briller à travers les rameaux et projeter son cercle lumineux. C'est le foyer d'un bouilleur ambulant en train de fabriquer de l'alcool.

Coiffé d'un vieux chapeau déformé et affublé d'une limousine trouée, pour se préserver de la fraîcheur nocturne, il aspire lentement, tout en vaquant à sa besogne, une courte pipe culottée de noir, compagne fidèle de ses longues veilles. Ses traits rudes, sévèrement rechignés même, et sillonnés de rides profondes, s'accentuent et se colorent sous les chauds reflets du foyer. Méditatif, concentré, comme tous ceux dont l'existence se passe dans la solitude, on ne l'entend ni siffler, ni chantonner quelque refrain. Parfois, il se repose assis sur une bourrée en exhalant de ses lèvres une légère spirale de fumée qu'il suit dans sa fuite d'un regard distrait et rêveur ; debout le plus souvent, il va, vient, s'inquiète du feu qu'il avive ou modère, du récipient où l'alcool suinte lentement, goutte à goutte, de l'alambic et du serpentin. Tantôt il franchit les bords du cercle de lumière décrit par le foyer, s'enfonce et disparaît dans l'obscurité ou tantôt émergeant des ténèbres, reparaît dans le rayon lumineux. L'œil au guet, l'attention sans cesse en éveil, notre homme ne doit pas céder au sommeil, car la moindre négligence *pourrait compromettre le* succès de son opération. Pendant les vingt-quatre heures qu'elle dure, il faut que sa vigilance ne soit jamais en défaut.

C'est dans une cour de ferme ou sous les rameaux d'un verger que *l'appareil est installé et il est des plus simples.* Un alambic, une chaudière pour faire bouillir le cidre, un tonneau debout, défoncé par le haut et rempli d'eau où la vapeur du liquide en ébullition se refroidit en passant dans un serpentin pour tomber dans un seau qui la recueille, voilà ce qui le compose, avec quelques pierres disposées en demi-cercle et garnies de terre dans les interstices pour servir de fourneau. Le trépied est au milieu et la chaudière dessus.

Nos bouilleurs de cru cependant, Normands, Bretons, Saintongeais et Gascons voient leur existence menacée par la coalition des distillateurs du Nord et de leurs entrepositaires qui non seulement leur font une concurrence doublement désastreuse par la vente de leurs trois-six à bas prix, mais même qui ont orga- nisé une campagne contre eux. Ils ont tenu des réunions à Caen, à Rouen, au Mans et fait voter des ordres du jour sommant les pouvoirs publics de supprimer le droit des bouilleurs de cru, le tout au nom des grands principes de l'égalité devant l'impôt, de l'hygiène et autres prétextes d'une haute moralité.

Or cette égalité devant l'impôt, réclamée si haut par les fabricants et les marchands d'alcool, ne se traduit-elle pas, en fait, par une inégalité criante au détriment du peuple ? Pour 50 centimes le litre au plus et avec un bénéfice double, au moyen de la rectification des alcools à 36 degrés, ils peuvent facilement approvisionner tous les débits, tandis que le bouilleur d'eau-de-vie de cidre ne peut vendre son produit moins de 1 fr. 50. Dans le commerce des trois-six tout semble être pour le mieux au profit du Trésor. L'écoulement de ces produits détestables est énorme et la fraude y est à peu près nulle. Le bouilleur, au contraire, qui fait le commerce d'eau-de-vie en gros, en est souvent réduit, pour soutenir la concurrence, à recourir à des procédés frauduleux. Telle est la moralité qui se dégage de ce conflit d'intérêts. Mais puisque l'on parle aussi d'hygiène , le bas prix de ces boissons, manifestement toxiques, n'est-il pas l'une des causes des progrès effrayants de l'alcoolisme qui sévit surtout sur les ouvriers, la classe la plus nombreuse et la plus digne de la sollicitude du législateur ?

M. le comte de Colbert-Laplace, dans l'excellente brochure qu'il vient de publier sur cette question, a d'ailleurs fort justement fait observer que s'il se pratique des fraudes dans le commerce des eaux-de-vie de cidre, ces fraudes vraiment considérables et qu'il serait nécessaire de réprimer, sont surtout le fait d'industriels qui, à la qualité d'acheteur et de vendeur en liquides joignent celle de cultivateur. Cette double qualité ouvre la porte à des fraudes et à des abus de toute sorte, et c'est là sans doute ce qui excite surtout contre le bouilleur de cru, en général, le mécontentement des négociants en spiritueux, auxquels leur situation de simples commerçants ne permet pas de se livrer aux mêmes opérations et qui sont ainsi effectivement lésés par une concurrence déloyale. Mais conclut avec raison l'auteur de la *Question des Bouilleurs de cru*, parce que l'exercice d'un droit favorise l'éclosion de certains abus, est-il honnête, est-il logique de vouloir, pour supprimer ces abus, supprimer le droit lui-même ? Il existe sans doute des moyens de faire disparaître ce « dualisme » fâcheux et d'atteindre la fraude sans s'attaquer à un droit existant, sans détruire une des ressources actuelles de notre agriculture. Nous espérons toujours et quand même que nos représentants au Parlement sauront les trouver, et nous comptons sur leur éloquence, sur leur patriotisme pour les faire accepter par leurs collègues.

ÉPILOGUE

En tête de cet *Essai*, j'ai dit que je considérais ma tâche comme pouvant être divisée en deux parties, comprenant : l'une une *Histoire du Cidre et du Poiré*, l'autre une Bibliographie générale de la pomologie.

J'ai commencé mon travail par cette dernière, car il est évident que la connaissance des principaux ouvrages qui traitent d'une matière, doit précéder l'étude qu'on peut en faire. Je me suis donc d'abord attaché à m'entourer des livres, mémoires, publications et documents qui peuvent servir à l'Histoire du Cidre et du Poiré. Les savants travaux de M. Léopold Delisle, de M. Siméon Luce, de MM. de Boutteville et Hauchecorne m'ont fourni les premiers et les principaux éléments de cet *Essai* dont la meilleure partie leur appartient. Mais je me suis efforcé en même temps de ne négliger aucune des sources que j'ai été à même de consulter. J'ai fait un relevé des auteurs anciens et nouveaux qui ont parlé du pommier et du poirier, du cidre et du poiré et de l'eau-de-vie. Comme le sujet touche à la fois à l'agriculture, à l'industrie, au commerce, à l'économie politique, à la matière médicale, j'ai pu recueillir une centaine de fiches contenant les titres des ouvrages que j'avais à consulter.

Le classement méthodique de ces fiches m'a permis de mieux apercevoir les lacunes que présentait jusqu'à ce jour l'Histoire du Cidre. De plus, en poursuivant mon travail, j'ai pu recueillir de nombreuses notes qui sont venues peu à peu enrichir cette moisson bibliographique et qui m'ont fourni plus d'un détail curieux.

Aujourd'hui pourtant que je suis parvenu au terme du résumé historique que j'avais entrepris, je m'aperçois que je suis loin encore de posséder les éléments d'une Bibliographie générale de la pomologie.

Il m'aurait été nécessaire, pour dresser une nomenclature complète et méthodique des ouvrages qui doivent entrer dans cette Bibliographie, d'être à portée d'une grande bibliothèque ou d'une bibliothèque spéciale, comme il doit en exister, par exemple, à l'Ecole nationale d'Agriculture. Il m'eut fallu surtout, pour les ouvrages modernes, le concours d'un savant versé dans l'étude de cette branche de l'agronomie.

Je me vois ainsi réduit à confesser l'impuissance où je suis de tenir la promesse que j'avais faite en commençant ce travail.

Il est à souhaiter qu'un bibliographe, doublé d'un naturaliste, entreprenne une semblable tâche, M. l'abbé Letacq serait mieux à même que personne de la mener à bien.

Je n'ai d'ailleurs jamais considéré cet *Essai* que comme une ébauche d'un travail plus complet. Un certain nombre de documents inédits et d'aperçus neufs ou personnels sur un sujet intéressant, mais que je ne me flatte pas de posséder à fond dans toutes ses parties, voilà ce qu'on pourra trouver dans cet *Essai sur l'Histoire du Cidre et du Poiré*.

Il me reste à solliciter de nouveau l'indulgence des lecteurs pour avoir peut-être trompé leur attente. J'espère par cet aveu désarmer les moins sévères, car comme l'a dit un vieux poète :

> Qui ce fait que il peut on ne le doit blasmer.

FIN.

TABLE

Original en couleur

NF Z 43-120-8

EN VENTE A LA LIBRAIRIE Octave DOIN, ÉDITEUR

8, place de l'Odéon, PARIS

TRUELLE A., de Trouville-sur-Mer, pharmacien de 1re classe, membre honoraire de la Société centrale d'Horticulture de la Seine-Inférieure. **Atlas des meilleures Variétés de Fruits à Cidre.** 1 in-4° contenant 20 planches chromolithographiques représentant 43 variétés dessinées d'après nature et 100 pages de texte. . . . . **12 fr.**

TRUELLE A. — **Guide pratique des meilleurs Fruits de Pressoir,** employés dans le Pays d'Auge. Description, analyses, produits. — 1 volume de 300 pages avec 80 figures. . . . . . **3 fr. 50**

GRIGNON, Eugène, pharmacien de 1re classe. — **Le Cidre,** propriétés hygiéniques et médicales, préparation, préservation, conservation, composition chimique et analyse du cidre. 1 volume in-18° de 225 pages, avec figures dans le texte. . **3 fr. 50**

GRIGNON, Eugène. — **L'Eau-de-vie de Cidre.** Constitution, production, procédé de préparation et de conservation, valeur hygiénique et qualité de l'eau-de-vie de cidre. 1 volume in-18°. . **1 fr. 50**

www.ingramcontent.com/pod-product-compliance
Lightning Source LLC
Chambersburg PA
CBHW051738090426
42738CB00010B/2322